KB053221

레벤톤의

아파트 엑스파일

혼자 읽으면 엑스맨이 보이고
함께 읽으면 아파트가 바뀐다

당신은 지금 엑스맨에게 속고 있다

레벤톤의 아파트 엑스파일

김효한 지음

이 책은 어떤 책인가?

비리 고발서가 아니다. 하지만 읽고 나면 주변 엑스맨들의 활약상(?)이 관찰되고 결코 보아넘길 수 없는 비리를 발견하는 눈이 길러진다.

관리비 절약서가 아니다. 공과금을 아끼려면 구두쇠가 되면 된다. 아파트 운영을 정상화 하고 싶다면 나무가 아니라 숲부터 보라고 말한다.

자기계발서가 아니다. 부자 마인드를 키워주거나 소확행을 누리라는 말은 없다. 리더가 되려면 공익을 생각하며 정의롭게 살라고 주장한다.

정책 제안서가 아니다. 규정의 중요성과 그 허술함, 정책의 미비와 당국자의 무책임을 짚어내기는 한다. 제안보다는 제언이 들어 있다.

실용 매뉴얼이 아니다. 무작정 따라하면 모든 게 해결된다는 식의 설명은 하지 않는다. 다만 싸움에서 지지 않는 법을 전수한다.

저자 레벤톤은 누구인가?

레벤톤은 전직 아파트 일꾼이다.

한때 말썽 많은 아파트에서 입대의 회장을 역임하며 엑스맨들과 정면으로 맞서싸웠던 정의파 리더였다.

레벤톤은 아파트 분쟁 전문가이다.

시행사, 건설사, 엑스맨 등과의 분쟁을 치열하게 겪었다. 수많은 분쟁 사례들을 듣고 조언하며 지켜보았다.

레벤톤은 '아파트 엑스맨'의 작명가다.

첫 책, 〈아파트에서 살아남기〉를 통해 똥파리들의 이름을 엑스맨이라 불러주었을 때 그들은 비로소 엑스맨이 되었다.

레벤톤은 아파트 혁신가이다.

아파트 일꾼들의 공익 추구가 당연한 상식이 되기를 원한다. 입주민이 엑스맨을 몰라도 되는 세상을 꿈꾼다.

단언컨대, 당신은 지금 아파트 X맨들에게 속고 있다

내기를 해도 좋다. 당신은 속고 있다. 아파트 엑스맨들이 여러분을 속이며 공익의 영역에서 사익을 취하고 있다. 약간의 관심만 가지면 인근에서 얼마든지 볼 수 있다. 대부분의 입주민들은 보지 못하고 지나치거나 모르고 살아간다. 아직 밝혀지지 않았거나 특별히 밝혀내는 사람이 없기에 은밀히 계속되고 있다.

2013년 말에 출간했던 〈아파트에서 살아남기〉라는 책이 넘치는 관심을 받았다. 그때만 해도 나의 괴상한(?) 경험을 공유하려는 마음뿐이었다. 개인적으론 고통스런 경험이었지만 싸움의 대상을 엑스맨으로 규정하고 전파한 것은 나름의 성과였다. 놀랍게도 많은 분들이 공감과 응원을 해주셨다. 전국 각지에서 문의가 왔고 강연 요청이 들어왔다.

여기저기 다니며 많은 사람들을 만나다보니 나와 비슷한 문제로 고민하는 사람들이 많다는 것도 알게 되었다. 지금도 누군가는 아파트 비리에 맞서 힘겨운 싸움을 하고 있다. 각자 실수와 고뇌를 거치며, 투쟁하고, 관계법령을 뒤적이고 있을 것이다. 수많은 고소 고발도 진행되는 중이리라.

아파트 관련 분쟁에서는 참 아이러니하게도 비리를 저지르는 엑스맨 부류보다 그 비리를 막으려는 정의파 사람들이 오히려 힘들고 고통스럽다. 엑스맨들은 해먹는 데 선수들이고 피해를 보는 주민은 영락없는 아마추어이기 때문이다. 이러한 구조 속에서 심각한 사회적 낭비와 개인적 피해가 반복될 수밖에 없다. 진흙탕 싸움을 피해갈 수 없으며, 유사한 피해자는 계속 생겨날 것이다.

엑스맨은 대부분 비슷하게 해먹는다

각 아파트마다의 문제나 상황은 다를 것이다. 하지만 그 구조는 놀라울 정도로 유사하다. 마치 '프로 엑스맨' 양성 전문 학원이 있는 게 아닐까 싶을 정도다. 많은 엑스맨들이 비슷한 방법으로 아파트를 장악하고 있다. 상당수의 아파트에 그런 부류가 실제로 암약하고 있음을 확인하는 순간, 당신은 매우 놀라게 될 것이다. 기상천외한 방법으로 사익을 추구하는 온갖 종류의 '아파트 엑스맨'은, 여러분들 곁에 반드시 있다고 보는 것이 옳다.

불행한 사실은 엑스맨들은 절대 스스로 줄어들지 않는다는 것이다. 먹을 것이 더 많은 다른 곳으로 이동할 뿐이다. 집안의 바퀴벌레를 다 잡았다고 바퀴벌레가 모두 박멸된 것은 아니지 않은가? 더 침침하고 습한 다른 집을 찾아 이동할 뿐이다. 미안하지만 그들이 이동한 곳이 바로 여러분의 아파트일 수도 있다.

대한민국 국민의 60%가 거주한다는 아파트가 도대체 왜 이렇게 엉망이 되었을까? 첫째는, 아파트라는 지역에 대한 자치권한을 과도하게 주었기 때문이다. 둘째는, 자치할 능력이나 인성이 안 되는 사람들이 나서기 때문이다. 셋째는, 무능력하고 무지한 공권력 때문이다.

이 문제들을 나는 이 책에 자세히 담았다. 어렵지 않게 설명하려고 노력했다. 뜬구름 잡는 얘기나 공자님 말씀 같은 주장도 경계했다. 오직 현실과 실전만을 추구했다. 일단은 책을 즐겁게(?) 읽어주길 바란다. 때론 분노할 만한 내용을 다루고 있지만, 읽는 동안은 재밌어야 한다. 과도하게 심각해지면 아무것도 할 수 없다. 투쟁이든 싸움이든 즐겁게 계속할 수 있어야 한다. 그래야 끝까지 싸울 수 있고, 그래야 이긴다.

큰 그림을 알아야 엑스맨 퇴치가 가능하다

이 책은 우리 삶의 공간이자 인간관계의 환경인 아파트가 어떻게 구성되며 어떤 과정으로 관리되고 있는지를 설명한다. 또한 각 주체들의 역할과 특성을 설명한다. 교과서나 백과사전 식 설명은 아니고 먼저 경험하고 고민한 사람의 관점에서 묘사하는 방식이므로 긴장할 필요 없다. 나는 대부분의 글을 평범한 아파트 주민을 독자로 상정하여 썼다. 가볍게 자신의 처지(정체성)에 맞는 관점으로 읽으면 된다.

결과적으로 이 책은, 아파트의 구성과 주체들의 역할을 전제로 아파트에 일어나거나 일어날 수도 있는 나쁜 일들을 해결하거나 예방하는 방법을 다룬다. 때로는 매뉴얼처럼, 때로는 자기계발서처럼, 때로는 체험담처럼 내용이 펼쳐진다. 이는 모두 독자들이 아파트 문제들을 잘 이해하고 잘 준비하고 잘 싸워서 살기 좋은, 마음 편한 아파트 주민이 되는 데 도움을 주기 위한 글이다.

이 책을 읽는 당신은 누구인가

당신이 단지, 평범한 아파트 주민이라면 처음부터 차근차근 가볍게 읽어나가라. 순서대로 읽는 것이 가장 좋다. 특정한 문제에 봉착해 고민 중인 독자라 하더라도 웬만하면 앞부분부터 읽기를 권한다. 아무 데나 펼쳐서 문제를 해결할 단서를 찾는 책이 아니기 때문이다.

당신이 만약, 현재 스코어 아파트의 리더라면 그리고 엑스맨이 아니라 정의로운 편의 당당한 리더(동대표 혹은 회장 혹은 선관위원 등)라면 이 책을 마음가는대로 훑어보듯이 살펴본 후에 편하게 읽어도 무방하다. 다만 앞부터 순서대로 읽어나가는 것을 추천하는 바는 동일하다. 모든 일에는 기본이 중요하니까. 부디 이 책으로 당신의 일을 무탈하고 공정하게 수행하는 데 도움이 될 사항들을 체득하기를 바란다. 당신에게 존경과 사랑의 마음을 전한다.

설마 당신이 엑스맨이라면, 방법은 하나밖에 없다. 서점마다 다니며 이 책을 싹쓸이하라. 그리고 조용히 기도하라. 이 책이 나온 이상 이제 당신 같은 엑스맨들의 호시절은 끝났다. 개과천선은 바라지도 않는다. 당장 사라지든지 이민을 가라. 그전에 해먹은 거 토해내고 사퇴하고 용서를 빈다면(작전인 줄 다 안다) 주민들이 정상을 참작해줄지도 모르겠다. 제발 더 이상 등쳐먹지 말고 엑스맨 짓을 끝내라.

당신이 혹시, 구청이나 경찰이나 검찰에서 일을 하는 기관 공무원이라면 이 책을 애정을 가지고 정독해주기를 부탁한다. 당신들의 무심함이나 귀차니즘 혹은 비겁함 등이 오늘날 아파트 환경을 이렇게나 아사리판으로 만든 셈이기 때문이다. 아울러 정치인들도 아파트 문제에 대해 관심을 가지고 뭔가 제대로 역할을 하고 싶다면 역시 정독을 부탁한다. 아파트는 당신들에게 단지 표밭이 아니다. 표심이 썩어 문들어져가는 현장일 수도 있다는 사실을 명심하기를 바란다.

끝으로, 보잘것없는 경험과 대책 없는 고민에서 시작해 출간하게 된 나의 책들 〈아파트에서 살아남기〉, 〈레벤톤의 아파트 엑스파일〉을 선택하고 읽어주시는 모든 아파트 입주민 독자들에게 건강과 행운과 승리가 함께하기를 기원한다.

레벤톤 김효한 드림

이 책을 읽는 3가지 방법

1. 처음부터 순서대로 읽는다

아파트 문제 초심자에게 권하는 방법,
차근차근 읽어나가면 된다.

2. 끌리는 부분을 펼쳐 읽는다

적어도 초심자는 아닌 독자라면,
순서 상관 없이 편히 읽어도 된다.

3. 기묘한 칼럼을 먼저 읽는다

가장 추천하는 방법, 이 책의 칼럼은
본문 못지않게 재밌고 강하다.

본문보다 먼저 읽어도 좋을 기묘한 칼럼들

1%가 99%를 장악한다 - 레벤톤의 법칙 32

아파트에서 이웃사촌은 멸종되었다 52

견뎌야 할 것은 왕관의 무게가 아니라 모함 79

아파트 리더의 필수 무기, 삼지창 323

해병은 아니지만, 한번 엑스맨은 영원한 엑스맨 138

좋은 놈, 나쁜 놈, 똑똑한 놈, 멍청한 놈 166

초고수 엑스맨은 리더로 나서지 않는다 198

정의로운 사람들이 오히려 힘든 이유 239

이기고 싶다면, 고소 고발 절대로 하지 마라 301

개포동에서 본 놀라운 현실 330

(이외에도 더 많은 칼럼들이 있습니다)

엑스파일 차례

정문

단언컨대, 당신은 지금 아파트 X맨들에게 속고 있다 6

엑스맨은 대부분 비슷하게 해먹는다 7

큰 그림을 알아야 엑스맨 퇴치가 가능하다 9

이 책을 읽는 당신은 누구인가 10

1동

이제라도 제대로 알아야 할, 아파트의 구성 23

푼돈 아끼는 일에만 열심인 우리들 24

관리비 구멍은 잘 모르는 사람들 25

아파트를 대충 아는 사람들 26

입대의와 선관위를 아십니까? 27

부녀회, 노인회, 통반장 모르는 사람은 없겠죠? 27

학교에서 가르쳐주지 않는 아파트 생활의 실체 28

레벤톤의 기묘한 정보

숫자로 본 아파트 30

레벤톤의 기묘한 칼럼

1%가 99%를 장악한다 – 레벤톤의 법칙 32

2동

아파트의 엑스맨들 37

엑스맨에도 종류가 있다 37

건설사 엑스맨 38

직업 입대의 엑스맨 41

꼬붕 엑스맨 44

완장 엑스맨 46

정치꿈나무 엑스맨 48

통반장 엑스맨 49

레벤톤의 기묘한 칼럼
아파트에서 이웃사촌은 멸종되었다 52

3동

입주민, 아파트 생태계의 피식자들 57

입주자와 사용자의 동상이몽 57
어느 아파트나 예외가 없는 입주민의 특성 60
관심이 없으니 손해를 본다 61
불만이 많다, 끝도 없이 나온다 62
때론 매우 이기적인 사람들 63
피해에 민감한 귀차니스트 65
겁 먹으면 지는 거야 66
입주민의 의무 (알면 아주 깜짝 놀랄지도 모름) 67
함께 살기 위한 예의로서의 의무 68
공익을 방해하지 말아야 할 의무 69
망가뜨리면 물어줘야 할 의무 70
민폐를 끼치면 책임져야 할 의무 71
집주인으로서의 의무 72
입주민의 권리 (중요하고 중요한) 73
대표자를 뽑을 권리, 나설 권리 73
묻거나 따질 권리 74
잘못하는 대표 해임시킬 권리 75
해임권이 가장 중요한 권리일 수도 있다 76

레벤톤의 기묘한 칼럼
견뎌야 할 것은 왕관의 무게가 아니라 모함 79

4동

입주자대표회의에 주목하라 83

입대의란 정말 무엇인가? 83
입대의 회의를 보면 그것을 알 수 있다 87
회의는 회장이 소집한다, 그것부터 권한이 시작된다 87
회의 규정부터 지키는 입대의가 일 잘하는 입대의다 88
회의하는 시간대도 잦은 이슈가 된다 89
회의 방청 규정을 보면 속셈이 보인다 90
입대의 회장의 '막강한' 역할 92
업무추진비를 받고 교통비, 통신비 등을 또 받는다고? 92

도장을 가진 자가 힘을 가진다 93
입대의 회장은 동네북이자 동네 핵인싸 94
입대의 임원의 '유명무실한' 역할 96
동대표의 만만한 역할 98
입대의 의결사항 알아두기 101
포괄적이고 다소 모호한 관리법과 시행령 103
실수하기 쉬운 의결사항들 105
회의록이라는 이름의 아파트왕조실록 106
입대의 운영비라는 뜨거운 감자 109
다과비로 떡볶이 순대를 사먹은 입대의의 운명 110
규정이 모호해도 원리원칙대로 노력하라 111
일하지 않은 입대의에게 출석수당은 없다 112
입대의 업무추진비는 보너스가 아니다 114

레벤톤의 기묘한 칼럼
임기는 언젠간 끝난다 116

5동

아파트 선거관리위원회의 진실 119
당신은 선관위를 제대로 아십니까? 119
선관위의 중요성은 나라나 아파트나 마찬가지 120
선거관리위원회 관리는 누가 하나? 122
선관위의 진짜 만행은 해임 방해공작일지도 모른다 123
관계당국도 방치하는 불량 관리 아파트의 현실 124
선관위의 업무 125
엑스맨들이 파고드는 관리규약의 틈새 126
아파트니까 대충 선거해도 된다는 방심은 위험하다 127
선거로 꼼수를 부릴 수도 있는 엑스맨 선관위 128
엑스맨 선관위 130
똥파리 입대의나 엑스맨 선관위를 해임하는 방법 132

레벤톤의 기묘한 칼럼
해병은 아니지만, 한번 엑스맨은 영원한 엑스맨 138

6동

아파트의 자생단체들 145

자생인듯 기생인듯 썸 타는 자생단체들 145

존재감부터 다른 입대의와 자생단체 147

입대의와 자생단체가 대결(?)한다면 148

입대의와 자생단체가 함께 오염(?)됐다면 149

커뮤니티 센터가 만들어내는 코미디들 150

메뉴는 아무거나, 아파트는 알아서들 151

정답은 없지만 정도는 있다 153

보육시설을 보호하라 154

원장님이 아파트 어린이집을 선호하거나 회피하는 이유 155

입대의, 학부모, 어린이집의 삼각갈등 상황 156

관리규약 변경과 관행 유지의 아이러니 157

편법은 정답이 될 수 없다 159

어린이집 딜레마에 빠져 있다면 160

부대시설 복리시설도 꼼꼼하게 162

입대의 의결은 마술봉이 아니다 162

무식하면 용감하다는 사례는 넘쳐난다 163

규정대로 해(먹어)야 탈이 없다 164

레벤톤의 기묘한 칼럼

좋은 놈, 나쁜 놈, 똑똑한 놈, 멍청한 놈 166

7동

관리주체라는 이름의 동네북 171

관리주체라고 쓰고 관리사무소라 읽는다 171

엄마가 좋아, 아빠가 좋아? 만큼 멍청한 질문 172

관리주체의 무한책임론은 다소 개선되었다 173

입대의 하수인이 되지 않고 관리할 수 있을까 175

관리주체 선정의 두 갈래길 176

관리주체의 업무를 규정대로 알아야 하는 이유 179

관리주체에 대한 입주민들의 오해와 오버 180

경비원도 사람이다, 사람! 182

사람이 사람을 구한다 184

히어로는 아니지만 난감한 순간에 있어줘야 할 사람 185

케바케, 복불복, 갑을관계 187

관리주체는 지난 여름의 자료도 가지고 있다 188

용역업체 선정 프로세스 191
아파트 내의 유일한 전문가, 관리소장 194

레벤톤의 기묘한 칼럼
초고수 엑스맨은 리더로 나서지 않는다 198

레벤톤의 기묘한 퀴즈
'프로 엑스맨'이 가장 두려워하는 것은 무엇일까요? 202

8동

통반장 사용설명서 204
통장과 반장의 역할 204
준 공무원? 준 정치인? 준 마을 유지? 준 엑스맨? 206
통반장인가 마케터 홍반장인가? 207
일부 통반장들의 은밀한 사익추구 생활 208

레벤톤의 기묘한 칼럼
분노하지 말고 무조건 차분하게 210

9동

아파트의 상위 기관은 관리당국 213
관리당국의 구조와 아파트의 운명 213
구청 주택과에서 생긴 일 215
과태료는 호환마마만큼 무섭다 216
양날의 검을 든 예측불허의 구청 담당자 217
하늘은 구청 담당자가 돕는 자를 돕는다 219
민원의 순기능과 역기능 220
민원은 힘이 세다, 어느 쪽으로든 221
엑스맨들도 민원의 힘을 안다 222
민원도 똑똑하게 넣어야 힘이 된다 223
잘 넣은 민원 하나, 열 소송 안 부럽다 224
행정기관의 방관 225
공무원의 답변은 놀랍도록 뻔하게 반복된다 225
국토교통부의 유권해석은 예방주사다 227
유권해석 사례들 229

레벤톤의 기묘한 칼럼
정의로운 사람들이 오히려 힘든 이유 239

10동

아파트의 온라인 커뮤니티와 인터넷 정보들 244

아파트 홈페이지와 네이버 다음 카페 244

알아두면 유용한 사이트 245

k-apt 246

중앙공동주택관리지원센터 246

중앙공동주택관리분쟁조정위원회 247

한국아파트신문 247

아파트관리신문 248

레벤톤의 아파트에서 살아남기 248

레벤톤의 기묘한 칼럼

두 명의 짝퉁(?) 레벤톤 249

11동

아파트 관리비라는 고인 물 254

관리비의 항목들 254

그렇다, 장기수선충당금이 문제다 257

레벤톤의 기묘한 조언

아파트 비리 발견 후, 훌리건과 정의파를 구분짓는 한끗 차이 261

레벤톤의 기묘한 지침

아파트 비리 발견 시 행동강령 264

12동

아파트 회계감사는 비지떡 269

감사인듯 감사 아닌 아파트 회계감사 269

감사가 제대로 이루어지기 힘든 시스템 270

입대의에게 돈을 받으며 입대의 잘못을 캐라고? 272

자체적으로 할 일이 따로 있지 이건 아니다 273

과태료는 약인가 독인가? 274

과태료는 대상을 차별(?)하지 않는다 274

과태료에 해박하면 빼박이다, 선수 등장 275

기울어진 운동장에서 전쟁이 시작된다 276

과태료라는 치트키를 우리의 무기로 277

벌금, 빨간줄 무서운지 아는 사람이 그래? 279

무거운 벌금에는 이유가 있다 280
당신과 우리를 기다리고 있는 각종 고소들 283
명예훼손죄 284
모욕죄 284
엑스맨에게도 훼손될 명예가 있을 줄이야 285
결론은 언제나 버킹검, 기준은 언제나 공익 286
업무방해죄 287

레벤톤의 기묘한 칼럼
소통의 딜레마 289

레벤톤의 기묘한 조언
상가를 괴롭힌 무지한 입대의 갑질의 결말 291

13동

아파트 규약도 법이다 295
관리규약 295
관리규약은 항상 두드려야 할 돌다리 297
관리규약의 개정 299

레벤톤의 기묘한 칼럼
이기고 싶다면, 고소 고발 절대로 하지 마라 301

레벤톤의 기묘한 칼럼
변호사는 승리의 도우미가 아니다 305

레벤톤의 기묘한 경험
이렇게도 패소할 수 있다 310

커뮤니티 센터

읽으면 나도 레벤톤, '~ 하는 법' 가이드 315
소통 안 되는 시행사(시공사) 상대하는 법 315
비 친화적인 관리소장을 상대하는 법 317
불법적인 입대의(선관위)에 대처하는 법-1 318
독단적인 입대의(선관위)에 대처하는 법-2 318
이기적인 입주민을 설득하는 법 319
관리비 절약하는 법 320
경찰수사에 잘 대처하는 법 321
엑스맨을 법적으로 상대하는 법 321
엑스맨의 역고소에 대처하는 법 322

레벤톤의 기묘한 칼럼
아파트 리더의 필수 무기, 삼지창 323

레벤톤의 기묘한 경험
개포동에서 본 놀라운 현실 330

후문

어떻게 하면 아파트를 투명하게 운영할 수 있을까? 333
좋은 사람들이 리더가 될 수 있도록 334
강력한 아파트관리청이 필요하다 334
오락가락하지 않는, 제도권의 분발과 각성 335

독자에게 고함

아파트와 공동체에 관심이 있으시니 제 책을 선택하셨을 겁니다. 엑스맨과 상대하느라 힘들고 열받더라도 가치 있는 일을 하고 있다는 자부심을 가지세요. 여러분들을 열렬히 응원합니다.

이제라도 제대로 알아야 할, 아파트의 구성

전국민의 60%가 아파트에서 살고 있다. 그렇게 많은 사람들이 사는데, 아파트에 대해선 그저 관리사무소의 존재 정도만 알고 지내는 사람들이 많다.

일반인들에겐 관리사무소란 매달 이런저런 항목으로 관리비를 부과하는 곳이며, 주차 스티커를 발급받고, 수도에서 물이 안 나오거나 보일러가 고장났을 때 물어보는 곳에 불과하다. 사실 관심이 없으면 특별히 궁금한 것이 없기 때문에 일년에 관리사무소 한 번 갈 일이 없는 경우가 태반이다.

그저 나오는 대로 관리비 내고, 정해진 날에 분리수거를 하고, 전면주차든 후면주차든 하라는 대로 하면서 살면 된다.

생업으로 먹고살기 바쁜 사람들에게 아파트 운영은 남의 나라 얘기인 것이다. 충분히 이해된다. 나도 한때는 그랬다.

푼돈 아끼는 일에만 열심인 우리들

사람들은 핸드폰 요금 만원이라도 아끼려고 통신사를 바꾸고 요금제를 고심한다. 어딜 가나 와이파이 존을 찾아다닌다. 기름값 몇백원 아끼려고 동네에서 가장 싼 주유소 찾아 줄을 선다. 야채는 어디가 싸고 고기는 어디가 싼지 따진다. 가급적 공산품은 인터넷에서 산다. 전기요금 한푼이라도 아끼려고 전등을 LED로 교체하고 방마다 불끄고 다니며 잔소리한다.

일년에 적게는 백만원, 많게는 천만원 넘게 내는 관리비에 대해선 얼마나 알고 있는가? 옆 단지보다 우리 관리비가 낮은지 높은지, 낮다면 왜 낮고 높다면 왜 높은지 알고 있는가? 왜 집에서 실제로 쓰는 전기료보다 공동전기료가 더 높을 수도 있는지 궁금하지 않은가?

우리집 난방비는 정말 내가 쓴 게 맞는지 궁금하지 않은가? 왜 일부 경비원 아저씨는 자주 주무시고 계신지, 청소는 하고 있는 건지, 관리사무소 직원들은 뭘 하는 사람들인지 궁금하지 않은가? 나에게 돌아와야 할 혜택이 소수에게 집중되어 나는 아무것도 받지 못하고 있어도 아무렇지도 않은가?

관리비 구멍은 잘 모르는 사람들

아파트에서 벌어지는 일들은 전부 여러분들이 내는 돈에서 출발한다. 다른 곳에서는 절약의 지혜가 넘치는데 아파트 돌아가는 일에는 마치 알면 큰일이라도 나는 듯이 문외한인 경우가 많다. 안 내도 되는 돈이 연간 몇십 만원에서 몇백 만원에 달한다면 결코 가만히 있지 못할 것이다. 회사에 다니려면 회사의 조직과 규정을 알아야 하듯, 아파트에 살고 있다면 당연히 아파트의 조직과 규정에 대해서 알아야 한다.

대한민국 국민들은 아파트에 대해 지나치게 무관심하다. 너나 할 것 없이 대부분 무관심하다. 무관심하니 모르는 것이고, 모르니 당하는 것이고, 당해도(뭔가 이상하지만) 할 말이 없는 것이다.

아파트를 대충 아는 사람들

우선 당장, 아파트의 기본 구성을 간략하게 알아보자. 아파트는 생각보다 다양한 조직으로 구성돼 있다. 각자의 역할과 책임도 다르다. 우선 입주민과 관리사무소가 있다. 쉽게 말해 입주민은 실제로 살고 있는 사람이다. (그렇다, 바로 이 책의 독자 여러분이다.) 관리사무소는 입주민들의 편의와 안전을 위해 보수를 받고 일하는 단체이다. 서로간의 관계는 갑을관계가 아니다. 한쪽은 서비스를 제공받기 위해 비용을 지불하며, 다른 한쪽은 좋은 서비스를 제공하기 위해 노력해야 하는 관계이다.

관리사무소 즉, 관리주체와의 계약을 통해 다양한 서비스를 제공하는 각종 용역업체들이 있다. 경비 서비스를 제공하는 경비업체, 청소 서비스를 제공하는 청소업체, 수목 관리를 담당하는 조경업체, 방역을 담당하는 소독업체, 엘리베이터 안전을 위한 보수업체, 물탱크 청소업체, 하수관 청소업체, 하다 못해 장기수선충당금을 보관하는 은행까지 아파트에는 상당히 많은 용역업체들이 함께하고 있다. 통상 관리사무소에서 이런 일들을 다 하는 것으로 이해하는 입주민들도 있는데 절대 그렇지 않다. 모든 서비스는 여러분들이 내는 관리비로 수많은 업체와의 계약을 통해 제공되는 것이다.

입대의와 선관위를 아십니까?

입주민을 대표하는 동대표가 있고, 그 동대표들이 모인 입주자대표회의가 있다(줄여서 '입대의'라 부른다). 동대표는 통상 각 동에 한 명씩 선출하나 주상복합처럼 동의 구별이 어렵거나 한 동에 많은 세대가 있는 경우 라인별로 나누는 경우도 있다. 이들이 모인 입대의, 즉 입주자대표회의는 아파트 내의 유일한 의결기관이다. 입주자대표회의가 거의 모든 결정을 하고 관리주체인 관리사무소에서 이 결정을 실행하게 된다.

입주자대표회의를 선출하거나 해임하는 일을 수행하는 아파트 선거관리위원회도 있다(줄여서 '선관위'라 부른다). 선거관리위원회는 중립적인 위치에서 말 그대로 선거만을 관리하고 진행한다. 선관위 역시 입주민으로 구성되는 단체이다.

부녀회, 노인회, 통반장 모르는 사람은 없겠죠?

노인회, 부녀회로 대표되는 자생단체가 있고 아파트 상황에 맞는 각종 취미 동호회도 있다. 정식으로 구성 설립된 단체의 경우 주민들의 관리비에서 활동 비용을 지원받기도 한다. 영유아 보육시설과 커뮤니티센터도 있고 단지내 상가도 있다.

아파트의 행정지도 책임은 국토교통부와 지자체(구청 주택과)에서 담당한다. 규정에 어긋날 경우 시정조치를 하며 과태료를 부과하기도 한다. 아파트는 외부회계감사를 정기적으로 받아야 하기 때문에 회계사무소와도 계약하게 된다. 각종 분쟁해결을 위한 변호사사무소, 고소고발을 위한 경찰서, 각종 소송을 위한 법원도 관련되어 있다.

주민지원센터(동사무소)와의 가교역할을 하는 통반장도 있다. 마을 소식을 주민들에게 전달하고 전입/전출 통지, 민방위 소집 안내 같은 역할을 한다. 어딘가로부터 지원을 받는 마을발전위원회 같은 조직도 있는데, 다분히 정치적 목적으로 조직이 운영되는 아파트도 꽤 있다. 왜냐면 아파트는 표밭이기 때문이다.

학교에서 가르쳐주지 않는 아파트 생활의 실체

아파트 구성을 간단히 요약해서 설명했는데 지금은 아마 여러분의 눈에 별로 특별한 사항이 보이지 않을 것이다. '아파트가 생각보다 단순한 구성은 아니군. 여기저기 얽힌 대상이 많긴 하네.' 이 정도를 떠올렸다면 그나마 다행이겠다.

여러분이 별 신경쓰지 않고 살았던 아파트에 각종 조직과 이해 단체들은 이렇게나 많다. 아파트는 각 주체들의 수많은 이해관계에서 다양한 분쟁이 발생한다. 어디서 악이 싹 트고, 어디서 일이 꼬이며, 어디서 돈이 새는지, 어떻게 해먹고, 어떻게 빠져나가며, 어쩌다 아파트가 망가지는지, 들여다보고 이해하려면 아파트 구성을 한 단계 더 자세히 알아야 한다. 그러기 전에 아파트에 서식하는 엑스맨들에 대해서 먼저 살펴보자.

숫자로 본 아파트

서울 아파트 시세총액 1,200조, 전국 아파트 시세총액 3,500조. 공시지가 조사대상 토지가 5,500조임을 감안하면 거의 모든 땅값의 60% 이상이다.

아파트 1,000세대의 거주인구는 3,500명. 이는 지방의 '읍' 수준의 인구와 비슷한 규모. 5,000세대 수준의 대단지 아파트 한 곳이면 인구가 웬만한 '군'에 달한다.

아파트 관리비 = 1,000세대 × 250,000원 × 12개월 = 30억원. 3,000세대라면 약 100억원, 금액만 본다면 웬만한 중견기업 수준.

아파트 관련 고소 고발 분쟁수 연간 5,000건(추정) 이상. 사람이 많아서 분쟁이 많다기보단 대부분 이권이 걸려 있거나 정상화 과정에서 생기는 분쟁이다.

아파트 관련 비리 적발 수 연간 4,000건(추정). 적발된 게 이 정도면 적발되지 않고 숨어 있는 것은 얼마나 될까?

1%가 99%를 장악한다 - 레벤톤의 법칙

파레토의 법칙이라는 것이 있다. 상위 20%의 소수가 부의 80%를 차지하며, 20%의 고객이 80%의 매출을 일으키는 결과를 말한다. 다시 말해 상대적으로 작은 모수의 구성원 조직이 큰 모수의 구성원 조직보다 중요한 영향을 미친다는 내용이다. 사회학적으로나 경제학적으로 매우 큰 영향을 미치는 중요한 법칙이라 할 수 있다.

이런 법칙이 아파트에도 적용될 수 있을까? 당연히 적용될 수 있다. 그런데 너무나 극단적으로 적용된다. 아파트는 20%가 아닌 불과 1%의 주민이 99%의 주민을 좌지우지한다. 이상하게도 너무나 잘 들어맞는 신기한 법칙이다. 누군가 이 법칙에 이름을 붙일 기회를 준다면 필자는 '레벤톤의 법칙'이라 불러달라고 주장하고 싶을 정도이다.

사실 현실적으로는 1%도 높게 잡은 수치이다. 500세대 아파트의 경우 아파트를 장악하기 위해 5명만 모이면 충분하다. 1,000세대의 경우 10명이면 넘치도록 충분하다. 실제로는 2~3명의 선수들이 1,000세대가 넘는 아파트를 장악하고 있는 경우도 많다.

왜일까? 반복되는 얘기지만 98%의 주민들은 아파트가 어떻게 돌아가는지에 거의 관심이 없기 때문이다. 어찌보면 아파트를 장악하는 것은 초등학교에서 반장(학급회장)이 되는 것보다 훨씬 쉬운 일이다. 초등학교에서 반장이 되려면 친구들에게 인기도 있어야 하고, 공부도 좀 하고, 간식도 가끔 나눠먹고…. 보통 이러는 것 같다.

그런데 아파트 장악에는 인기가 있을 필요도 없고, 공부를 잘할 필요도 없고, 간식을 살 필요도 없다. 아무도 하려고 하지 않는 자리이므로 그냥 손만 들면 동대표든 뭐든 무조건 당선된다(고 보면 된다). 권한은 막강한데 되는 것은 너무 쉽다. 이보다 더 쉽게 대표자가 될 수 있는 자리가 어디 있을까?

결국 이 1%의 장악세력이 올바른 사람(이하 '공익파'라고 칭함)일지, 그릇된 사람인지(이하 '사익파'라고 칭함)에 따라 그 아파트의 운명이 결정된다. 당연히 매우 민감하고 중요한 사안임에도 둘 중 어느 쪽 리더가 걸릴지는 그저 운에 맞길 수밖에 없다. 왜냐하면 98%는 방관자이거나 무관심자니까.

만약 이 칼럼을 읽는 독자 중 누군가가 어떤 아파트로 이사가게 되었다고 해보자. 그 아파트가 투명하게 운영되는 아파트인지, 사익파 똥파리들이 장악한 똥통일지 확인하는 방법을 알고 있는가? 설령 확인할 수 있는 방법을 알고 있더라도 누가 그런 것까지 일일이 체크해가며 이사를 간단 말인가? 똥파리들이 장악하고 있음을 확인한다고 한들 이사를 취소하겠는가? 그냥 운일 뿐이다.

정리하자면 이렇다.

1%(공익파) + 1%(사익파) + 98%(방관자 또는 무관심자) = 100%

1%의 공익파와 1%의 사익파(똥파리)는 끝없이 싸움을 벌이고, 98% 방관자는 강건너 불구경하는 형국이다.

열심히 싸우다보면 98% 안에서는 이쪽도 싫고 저쪽도 싫은 양비론자 무리도 생긴다. 논리와 이유와 정의 같은 개념은 통하지 않는다. 아파트 시끄럽게 해서 집값 떨어뜨리는 족속(?)들은 모조리 나쁜 놈들이 되는 것이다. 통상 아파트는 거의 이 구조 안에서 돌아간다.

그래서 어쩌라는 것이냐고 질문을 한다면 필자의 답은 매우 간단하다. 팽팽한 접전을 벌이는 1%의 공익파와 1%의 사익파 간의 전쟁에서 공익파 쪽에 몇 명만 더 붙여주자. 그러면 균형은 깨진다.

98%의 무관심한 사람들의 마음을 모두 돌리는 것은 거의 불가능한 일에 가깝다(완전히 불가능한 일은 아니지만 웬만한 이슈가 있지 않고서는 불가능하기 때문에 '거의'라는 표현을 사용하였다). 상대적으로 더 쉬운 방법을 찾으면 되는 것이다.

'내가 한번 공익파 쪽에 서볼까?'라는 사람이 딱 0.5%만 더 생겨도 그 아파트는 공익파들이 장악할 수 있다. 어차피 이러나 저러나 98%는 아무것도 하지 않기 때문이다.

보잘것없어 보이는 개인의 작은 참여가 실제로는 엄청 큰 힘이 되는 마술 같은 숫자의 비밀이 여기에 있는 것이다.

'나'의 작은 참여가 투명한 아파트가 되는 첫 걸음을 만드는 것이다. 공익파냐 사익파냐 그것이 문제로다.

엑스맨에게 고함

먹고살기 힘든 세상에 엑스맨 활동하느라 고생이 많습니다. 뭐 엑스맨 활동도 나름대로 애로사항이 많다고 생각할 수도 있겠지만 그 노력으로 다른 일을 했으면 더 잘 되었을 수도 있을 텐데 말입니다. 무관심한 주민들 등쳐먹는다는 점에서는 나라 팔아먹은 이완용과 동급 아닙니까? 정신 차리세요! 사퇴하세요!

아파트의 엑스맨들

엑스맨에도 종류가 있다

나는 첫 번째 책 〈아파트에서 살아남기〉를 통해 '아파트 엑스맨'이라는 신종용어를 선보였다. 모든 유형의 엑스맨을 딱 잘라 정의 내리긴 어렵지만 활동 특성에 따라 아래와 같이 분류할 수 있다.

1. 건설사 엑스맨
2. 직업 입대의 엑스맨
3. 꼬붕 엑스맨
4. 완장 엑스맨
5. 정치꿈나무 엑스맨

6. 통반장 엑스맨

엑스맨들에 대해 한 가지씩 알아본다.

건설사 엑스맨

아파트를 신규 분양하면 적게는 수백 세대에서 많게는 수천 세대가 입주한다. 이중 시행사 및 시공사 관계자는 반드시 존재한다. 분양 경쟁률이 치열하거나 치열하지 않거나 관계자는 무조건 있다고 보면 된다. 분양 경쟁이 치열한 곳은 통상 입주시점 프리미엄이 붙으므로 정당하든 부당하든 일단 받으면 무조건 땡큐다.

분양 미달이 된 경우는 남은 세대 중 좋은 동호수를 골라 할인된 가격으로 입주하거나 특혜를 받고 입주하므로 얼마나 좋겠는가. 소위 '우리 편'에게 디스카운트 해주는 개념인데, 일반 분양자들은 이들이 누구인지 절대 알 수가 없다. 이들은 시행사나 시공사의 직원일 수도 있고 하청업체일 수도 있고 또는 지인이거나 가까운 친척일 수도 있다. 이런 식으로 엑스맨들은 입주시부터 우위에 서 있게 된다.

물론 혜택이 있으면 역할도 있을 것이다. 이들의 첫 번째 역할은 조용히 입주를 완료시키는 것이다. 입주 전에 목소리 큰 사람들은 있게 마련이다. 이런 상황에서 엑스맨들은 앞장서서 "건설사와 싸워봐야 손해!"라는 패배주의를 퍼뜨린다. "시끄럽게 해봐야 집값만 떨어진다"는 주장도 건설사 엑스맨들의 단골메뉴이다. 의외로 이런 논리가 입주민들에게 잘 먹힌다.

이들은 통상 입주예정자 모임 카페를 만든 후 과도한 친절을 베푼다. 주워들은 것도 많아서 이런 저런 판례와 관계법령을 늘어놓기도 한다. 물론 대부분 건설사가 뒤에서 알려준다고 보면 정확하다. 건설사는 프로다. 아파트 분양 한두 번 해본 것이 아니니 입주민들의 돌발행동에 대한 대처 매뉴얼이 있다. 결국 이런 저런 방법에도 조용해지지 않으면 본인들과 의견이 다른 사람을 강퇴시켜 매장시키는 수순을 밟는다. 이들은 주민들의 움직임을 건설사에 실시간 보고하고, 문제가 될 만한 시끄러운 사람들을 하나씩 제거해나간다.

최근에는 각종 언론에 이 문제가 노출되면서 앞에 나서지 않고 상황만을 보고하는 신종 엑스맨들도 등장하는 추세이다. 통상 건설사 직원들인 경우가 많은데 누가 봐도 건설사 직원이 자기 회사를 편들면 이상하게 생각할 수밖에 없기 때문이다. 이들도 대놓고 손가락질 당하는 것은 싫기 때문인 것으로 해석된다.

건설사 엑스맨들의 두 번째 역할은 유야무야 하자 문제를 덮거나 하자소송을 최소한의 비용으로 넘기는 것이다. 하자소송의 핵심은 하자의 정확한 적출과 세대의 합의 및 동의이다. 일반인들은 눈에 보이는 하자 외에는 거의 찾아내지 못한다. 당연한 얘기지만 콘크리트 벽 안에 들어가 있는 철근이 제대로 쓰였는지, 방수 우레탄이 어떤 제품인지 일반 입주민은 알리가 없다.

배관 사이즈가 정확한지, 결로 방지를 위한 단열재가 제대로 들어갔는지 물이 줄줄 흐르는 걸 보기 전까지는 알 수 없다. 당연히 건설사에서는 하자가 많이 나오면 나올수록 돈이 많이 들어간다. 그래서 건설사는 적당히 하자보수를 해준 후에 완료 도장을 받아가는 것을 최우선 목표로 잡는다. 합의 도장을 찍으면 합의가 된 것으로 보기 때문에 그것으로 끝이다.

건설사 엑스맨들은 아파트를 장악한 후 하자보수 완료 확인 도장을 들고 세대들을 돌아다니며 본인들이 찍으러다니기도 한다. 유야무야 시간을 끌어 정해진 하자보수 신청기간을 넘기는 경우도 있다. 하자는 아무때나 신청하는 게 아니라 하자

별로 신청하는 기간이 법으로 정해져 있다. 이 기간을 넘어가면 문제가 없는 것으로 봐서 하자보수 책임이 종료되기 때문에 건설사 입장에선 이렇게 넘어가는 게 최고다.

이 두 가지 목적을 달성하면 건설사 엑스맨의 역할은 끝난다. 그후엔 다른 분양단지로 바람과 함께 사라지면 그만이다. 이들의 활약상(?)에 대해서 세밀하게 알고 싶으면 〈아파트에서 살아남기〉를 참고하기 바란다.

직업 입대의 엑스맨

말 그대로 입대의 동대표가 직업 자체인 엑스맨이다. 통상 직업이 없거나 자유직업인인 경우가 많다. 이들 역시 건설사 엑스맨과 마찬가지로 아파트에 대한 잡지식이 풍부하다. 다른 아파트에서 입대의를 하면서 노하우를 축적한 경우가 대부분이다. 뒷조사(?)를 해보면 전에 살던 아파트를 쑥대밭으로 만들어놓았던 경우가 많다. 통상 이사를 가면 끝났다고 생각하기 때문에 이들은 목적을 달성한 후 팔도유람 하듯이 전국의 아파트를 돌고 돈다.

이들은 어수선한 시기에 모든 하청업체를 새로 선정해야 하는 신규 아파트를 공략하거나, 오래된 아파트 중 장기수선충당금이 많이 쌓여 있는 아파트를 타깃으로 삼는다. 이들은 이권이 목적이기 때문에 이권이 있겠다 싶으면 무엇이든지 관여한다. 아파트 이권의 핵심은 하청업체 선정과 시설물 공사이다. 하청업체 선정은 당연히 신규 아파트가 최고다. 아무것도 없기 때문이다. 하청업체는 한 번 선정하면 상당히 장기간 동안 그대로 가는 경우가 많아서 업체들은 신규아파트 진입에 최선을 다한다.

특히 신규아파트는 많은 세대가 일시에 이사를 하기 때문에 매우 어수선하다. 새로운 보금자리에 대한 기대와 희망 때문에 상대적으로 공동체에 대해 관심을 가지는 입주민은 적다. 바로 이런 허술한 점을 노리는 것이다. 공사를 하기 위해선 돈이 필요하다. 공사할 때마다 주민들의 관리비로 충당한다면 직접적인 반발을 감수해야 한다. 그래서 장기수선충당금이 많이 쌓여있는 아파트가 이들의 타깃이 되는 것이다. 장기수선충당금이 많이 쌓여있는 아파트는 수백억에 달하는 경우도 있다.

그들이 경비, 청소와 같은 하청업체와 손을 잡은 경우 웬만하면 수의계약을 진행한다. 문제가 없으면 연장한다는 논리이다. 그러나 상식적으로 현재 그 아파트를 운영하고 있는 하청업체 입장에선 재계약을 위해 로비를 하겠는가, 안 하겠는가? 물론 모든 수의계약이 불법은 아니다. 냉철한 비교 없이 로비나 관습에 의해 진행하는 수의계약이 문제인 것이다. 수의계약을 하든 경쟁입찰을 하든 입주민들이 이의를 제기하지 않으면 좋은 게 좋은 것이므로 적당히 넘어간다.

또한 해도 그만 안 해도 그만인 쓸데 없는 공사를 임기 내내 진행한다. 쌓여 있는 장기수선충당금은 이들에게는 진수성찬이다. 정말 심각한 하자는 방치하고 오히려 멀쩡한 보도블록만 파대고 있으면 충분히 의심할 만하다. 5억에 할 수 있는 외장 도장 공사를 만약 10억에 진행했다면 충분히 의심할 만하다. 공사 후 업체로부터 리베이트를 받는 문제는 어제 오늘 일이 아니다.

직업 입대의 엑스맨이 회장이 된 후 나쁜 관리소장과 결탁하면 그 아파트는 그냥 게임 오버다. 회장이 가진 도장과 관리소장이 가진 도장, 두 개의 도장이 합쳐지면 슈퍼 울트라 파워가 나온다. 거기에 거수기 노릇을 하는 동대표들이 몇 명 있다면 장기수선충당금이든 잡수익이든 어떤 명목으로도 돈을 쓸 수 있다. 나중에 적발되어 과태료를 받게 되더라도 그쯤이야 푼돈에 불과하므로 신경도 쓰지 않는다.

어떤 공사가 되었든 일단 진행해버리면 다시 되돌리는 것은 거의 불가능하다. 이미 진행해버린 공사를 어떻게 되돌리겠는가? 설령 횡령이 적발되어 관계자가 처벌받는다 하더라도 잘못된 공사로 인해 주민들이 입은 피해는 되돌릴 수 없다는 의미이다. 법은 멀고 주먹은 가깝다.

꼬붕 엑스맨

꼬붕 엑스맨은 직업 입대의 엑스맨에 포섭되어 엑스맨의 세계로 뛰어든 새내기 엑스맨이다. 아무리 프로페셔널한 엑스맨이라고 해도 혼자서 모든 것을 할 수는 없다. 자기 편을 만들기 위한 노력을 한다.

엑스맨이 자기 편을 만드는 데 쓰는 수법은 크게 두 가지가 있다. 첫째, 아파트 내 자생단체나 동호회, 소소한 모임 같은 데 적극 참여하여 지인을 만든 후 꼬셔서 입대의에 집어넣는다. 둘째, 입대의에서 만난 동대표를 우연을 가장한 필연의 관계로 만든다.

동대표에 나올 때 큰 사명감을 가지고 나오는 경우는 그리 많지 않다. 누가 해보라고 등 떠밀거나 아무도 자발적으로 안 나오니 나라도 봉사해보자 하는 소소한 마음으로 나오는 경우가 대부분이다. 막상 나와서 어떤 입대의에 들어갔는데 불운하게도 프로 엑스맨이 그 안에 들어 있으면 그에게 넘어가는 것은 시간 문제다.

사람은 가급적 본인이 속한 조직에서 문제를 일으키지 않고 순응하려는 본능을 가지고 있다. 이해관계가 없는 아파트에서 이런 현상은 더 심하게 나타난다. 우연을 필연으로 포장하면 웬만큼 냉정한 사람이 아니면(또는 아파트에 엑스맨들이 거주한다는 것을 모르는 사람이라면) 다 넘어간다. '까마귀 노는 곳에 백로야 가지 말라'는 말이 괜히 있는 것이 아니다.

같은 고향이라든가 같은 취미를 가졌다든가 뭐든 가져다가 붙여서 술 한 잔 마실 기회를 만든다. 같이 운동도 하고 골프도 치고 등산도 한다. 우리나라 사람들은 술 한 잔 같이 마시고 형님 동생 하고나면 그날로 도원결의가 형성된다. 동네에서 정말 소중한 인연 만났다고 착각한다. 프로들은 착각할 수밖에 없게 행동하므로 정말 선의에 의한 것인지 다른 의도가 있는지 걸러내는 것은 거의 불가능하다. 이 방법 정말 쉽고 잘 먹힌다.

이러다보면 어느 순간부터 그들은 비자발적으로 한 편이 되어 있다. 프로 엑스맨이 하라는 대로 회의장에서 손 들어주는 거수기 역할을 하거나 극단적으로는 프로 엑스맨의 호위무사가 되기도 한다. 본인이 꼬붕이 되어 있다는 것을 상상도 하지 못한다.

오버하는 사람은 엑스맨을 보호하기 위해 주민들과 본인이 대신 싸우기도 하고, 프로 엑스맨을 위한 고소고발 대행 서비스도 한다. 시간이 지나서 '이게 아닌데…'라는 생각이 들 때가 오는데, 이미 너무 많이 와버려서 돌아갈 수도 없다. 어느 순간 프로는 떠나고 꼬붕만 남는다. 결국 동네 바보로 전락한다.

완장 엑스맨

이런 부류까지 엑스맨의 구분에 넣어야 하는지 고민을 했다. 그러나 결과적으로 입주민들에게 피해를 주는 경우가 많아 포함시키기로 했다. 멀쩡했던 사람들이 완장 채워주면 돌변하는 경우를 말한다.

사람들이 대표님(동대표의 통상적인 호칭)이라고 불러주니 대기업 대표이사라도 된 것으로 착각하는 것 같다. 어깨에 힘들어가고 목소리 톤까지 바뀌며 엄청난 고집을 부리는 똠방각하 캐릭터로 변신한다. 필자는 이런 부류의 사람을 여럿 보면서 반장 콤플렉스 같은 것이 있는 게 아닐까 하는 생각까지 들었다. 반장 한 번도 못 해본 사람들이 대표가 되고보니, 스스로 대단한 사람이 되었다고 느끼는 것일까? 사실 사람들은 동대표라는 지위에 대해 마음속으로 존경한다거나 경외심의 눈으로 바라보는 경우는 없다. 그런데 본인들은 그렇게 생각하지 않는가보다.

동대표의 권위를 침해했다는 둥, 선관위에게 대들었다는 둥 괴상한 발언을 서슴지 않는다. 동네 식당이나 선술집에 가서 "내가 동대표"라고 자랑하는 사람도 보았다. 신기하게도 상당수의 식당에선 동대표라고 하면 서비스를 준다. (다른 주민들을 많이 데리고올 것이라는 기대 때문에?) 이런 식이다보니 통상 규정이 뭔지 원칙이 뭔지 모르고 그저 동대표인 것만을 내세운다.

완장 엑스맨에게 월권행위는 기본이다. 결국 본인이 피해를 감당하게 된다. 동대표나 선관위에 어떤 '권위'가 있는지 나는 아직도 모르겠다. 그저 손만 들면 당선되는 그 자리가 뭔데 사람을 이상하게 만드는지 신기할 뿐이다.

정치꿈나무 엑스맨

아파트 동대표는 의원이 되기 위해 거쳐가야 하는 필수 코스가 되어버렸다. 국회의원을 말하는 것이 아니라 구의원, 시의원을 말하는 것이다. 정치 꿈나무들에게 아파트는 표밭이다. 3,000세대 아파트라면 적어도 10,000표가 살고 있다. 어차피 누가 누군지도 잘 모르는데 우리 아파트 사는 사람 뽑아주는 게 인지상정 아니겠는가? 명함에 한 줄 적어넣기 위해서 가급적 입대의 회장을 하면 더 좋겠다.

한 가지 다행이라면 이들은 횡령이나 배임 같이, 걸리게 되면 처벌받는 나쁜 짓은 잘 안 하는 경향이 있다. 문제는 경력에 한 줄 적어넣고 적극적인 지지를 호소하는 것이 목적이므로 모든 사람과 다 잘 어울린다. 엑스맨 부류들하고도 잘 어울리고, 평범한 입주민들하고도 잘 어울린다. 물에 술 타고 술에 물 탄듯 아파트 발전에는 아무런 생각이 없는 경우가 많다. 이래도 오케이~ 저래도 오케이~. 어차피 목적이 처음부터 정해져 있으니 아파트 발전을 논하기에는 어불성설이 되겠다.

통반장 엑스맨

입대의, 선관위, 관리주체는 공동주택관리법의 통제를 받는다. 그러나 통반장은 공동주택관리법상의 직책이 아니다. 통반장은 동사무소(주민센터)에서 임명하며, 단지 관공서와 주민 간의 연결을 하는 가교 역할을 한다. 관에서 진행하는 마을공동체 사업을 진행하는 지역리더로서의 역할, 저소득층 파악, 전출입세대 신고, 민방위 통지서 배포 같은 잡다한 행정적 업무 지원을 하게 된다.

통반장이 엄청난 권한을 행사하는 곳도 있다. 아파트가 많지 않거나 이제 막 생기기 시작하는 발전도시에서 볼 수 있는 현상이다. 아파트 근처에 고압선이 지나간다거나, 축사가 있다거나, 매립지 같은 혐오시설이 있다면 통상 구청이나 동사무소로 민원이 접수된다. 그 경우 아파트의 입대의로 연락이 오는 게 아니라 통반장 협의회로 연락이 온다. 동네 문제를 관리하는 곳이 동사무소 이므로 동사무소에서는 통반장에게 연락을 하는 것이다. 그래서 통반장은 그 동네에서 오래 살아 이 사람 저 사람 많이 알고 있는 원주민들이 하는 경우가 많다.

공동주택관리법에 의한 직책이 아니므로 티가 나지도 않으며, 비도적적인 행동을 해도 딱히 처벌할 방법도 없다. 오래된 통장은 동사무소장을 들었다 놨다할 정도의 파워를 가지고 있어서 오히려 동사무소에서 이들 눈치를 본다. 이러니 잘못하는 일이 있어도 해임이 될 리가 없다.

인천에 있는 수도권매립지에서는 인근 아파트를 대상으로 매년 10여 명을 선발해서 해외연수를 보내주는 프로그램이 있었다. (말이 해외견학이지 여행과 별반 다를 것이 없다.) 주로 통장들로 구성된 주민지원협의체니 주민발전협의체니 허울좋은 이름만 붙여 단체를 만든 후 매립지공사에선 견학인원의 선발 권한을 위임한다. 그런데 선발의 기준도 비공개, 선발되어서 다녀오는 구성원도 인원도 비공개로 진행된다. 이런 식으로 운영되니 매년 갔던 통반장이 계속 간다. 총 정원 중 남는 인원은 본인들 입맛에 맞는 사람들만 뽑아간다. 이렇게 조용히 갔다온 사람들은 당연히 서로 쉬쉬한다. 이들 입장에선 매년 공짜여행을 가는 "아싸 가오리"가 아닐 수 없다.

많은 주민들이 문제를 제기해도 모든 단체에서 서로 나는 모르겠다는 입장이다. 결국 통반장의 양심이나 사회정의에 기대하는 수밖에 없게 된다. 혐오시설로 인한 피해는 전 주민이 보는데 혜택은 소수에 집중되는 전형적인 적폐라고 생각되는 일들이다. 정말 기가막힌 특혜가 아닐 수 없는데 이런 일들이 대한민국에서 아무렇지도 않게 일어나고 있다. 물론 평범한 주민들은 이런 특혜가 있는지도 모른다. 비공개로 진행되므로.

아파트에서 이웃사촌은 멸종되었다

내 옆에 있는 사람은 언제든지 적이 될 수 있다. 여러분에게 유달리 친하게 접근하는 사람이 있다면 일단 뭔가 좀 의심스럽게 보는 것이 좋다. 당신은 그 사람을 이전에 본 적도 없고 그 사람에 대해 아무것도 알지 못한다.

친절한 사람이 나쁘다는 얘기를 하는 것이 아니다. 엑스맨들은 본인을 대신해 본인을 대변하고 앞에서 총알받이가 되어줄 사람을 찾는다는 점을 말하는 것이다. 세상의 모든 것을 아름답게 보면서 살면 얼마나 좋겠는가. 필자의 경험에 의하면 상당수의 사람들은 명분보다는 친분을 택하는 경우가 많았다.

일단 친분관계가 형성되면 웬만한 강심장이 아니면 옳고 그름에 대해 꾸짖지 못한다. 친구따라 강남 간다고 틀린 길임을 알면서도 따라가게 되는 것이다.

우리는 자녀들에게 친구 잘 사귀라고 늘 말한다. 어른들은 어린 시절의 친구가 인생에 얼마나 큰 영향을 미치는지 잘 알고 있다. 그래서 자녀가 나쁜 길로 들어서지 않게 하기 위해 자나깨나 친구를 잘 사귀라고 강조한다.

아파트에 사는 어른에게도 똑같이 적용된다. 필자는 멀쩡하던 사람이 엑스맨한테 걸려 같이 망가지는 모습을 정말 많이 보았다. 사람들은 본인이 어떤 조직(소위 패거리)에 속하게 되었다고 생각되면 일단 그 조직을 옹호하고 본다. 본인이 속한 조직의 조직원이 틀린 행동을 하더라도 '뭐 사람이 그 정도 실수는 할 수도 있지'라고 너그럽게 대처한다.

본인이 속한 조직을 누가 공격하는 듯한 느낌을 받으면 내용은 중요하지 않고 덮어놓고 같이 방어에 나선다. 그게 그 조직생활을 영위하는 본인한테 편하기 때문이다. 뭔가 아니다 싶을 때에도 친분 때문에 주저주저 하며 지나가는 경우가 많다. 어느 순간 본인도 구렁텅이에 푹 빠져있는 것을 발견하지만 그럴수록 왕따에 대한 본능적 두려움 때문에 더욱 빠져 나올 수가 없다.

아파트는 특히 그렇다. 왔다갔다 하면서 계속 마주칠 사이인데 불편한 관계를 만들어 상처를 입고 싶지 않은 본능이 발동하는 것이다. 사실 왕따에 대한 두려움은 아이들보다 어른들이 더 크다고 본다. 별것도 아닌 모임에서 배척당하고 손가락질 당하기를 극단적으로 싫어한다.

안 보면 그만이라고? 회사는 안 다니면 그만이고, 교회나 절은 안 나가면 그만이다. 그러나 아파트는 다르다. 아파트는 누군가를 보기 싫어도 계속 보게 된다. 절대 보기 싫으면 오직 내가 이사가는 수밖에 없다.

엑스맨들은 이런 아파트 입주민의 특성을 알고 있다. 왕따가 되거나 비난받기를 극단적으로 싫어하는 게 입주민의 특성이기 때문에 기가 막히게 이것을 이용한다. 여러분들이 아파트를 위해 봉사하기로 나섰다면 그 순간부터 여러분의 주위에 있는 사람들을 잘 지켜보는 것이 좋을 것이다. 아니다 싶으면 처음부터 관계정리를 명확히 해두지 않으면 결국 큰 상처로 돌아오게 된다.

"어떻게 나한테 이럴 수가 있어?"
"당신이 하라는 대로 했는데 이게 뭐야?"

이런 얘기 나중에 가서 백 번 해도 하나도 소용 없다. 여러분들은 엑스맨의 바지일 뿐 그 이상의 의미는 아무것도 없다. 강조하지만 엑스맨과 편승하면 여러분들도 엑스맨이 된다.

중간에 관계를 정리하기는 너무나 어렵다. 심한 경우 집에도 찾아온다. 보통 스트레스가 아니다. 아파트 일에 나서겠다면 당신은 절대적으로 친분보다는 명분을 따라야 한다.

엑스맨 따까리에게 고함

본인이 남들에게 어떻게 보일지도 생각을 좀 해주셨으면 좋겠습니다. 남들이 따까리님들 보고 빙다리 핫바지라고 합니다. 정신 차리세요! 아파트 일은 아무것도 하지 마세요!

입주민, 아파트 생태계의 피식자들

입주자와 사용자의 동상이몽

입주자와 사용자에 대해 알아본다. '입주자'란 아파트 소유자를 말한다. 쉽게 말해 '내 집'에서 살고 있는 집주인이다. '사용자'란 월세, 전세 등 아파트를 임차해서 살고 있는 사람을 말한다. 쉽게 말해 세입자이다. 정식용어로 이 둘을 합쳐 '입주자등(入住者等)'이라고 말한다. (이 책에서는 '입주자등'을 이해하기 쉽게 '입주민'으로 표현하겠다.)

입주자와 사용자를 구분해놓은 것은 각각의 권한이 상이하기 때문이다. 예를 들어 아파트의 유일한 의결단체인 입주자대표회의 동대표는 입주자만 자격이 된다. 사용자는 동대표에 나설 수 없다. 반면에 동대표를 선출하는 선거관리위원회는 입주자뿐 아니라 사용자도 활동할 수 있다. 통반장 역시 사용자인 입주민도 가능하다.

입주자와 사용자는 이해관계와 입장도 상이하다. 소유자는 재산의 일부인 아파트 시세상승을 기대하지만, 사용자는 임대료가 높아질 원인이 되므로 시세상승을 원하지 않는다. 한쪽은 집값이 올라야 좋고 한쪽은 집값이 떨어져야 좋은 것이다. 같은 얘기로 입주자는 전·월세금이 올라가길 바라는 반면, 사용자는 그것이 낮아지길 바란다.

그렇지만 관리비에 대한 입장은 똑같다. 살고 있는 입주민이라면 입주자(집주인)든 사용자(세입자)든 관리비 문제는 중요하다. 어떤 입대의를 만나느냐에 따라 입주민이 부담하는 관리비가 달라지고, 삶의 질까지 변하게 된다. 다시 말해서, (입주자가 아닌) 사용자에게도 입주자대표회의 역할은 중요하다.

입주자대표회의 구성원이 되는 동대표를 입주자만 지원 가능하게 제도를 정해놓은 것은 아마도 입주자대표회의가 아파트 가치를 결정하는 단체라는 취지이고, 세입자(사용자)보다는 집주인(입주자)이 그 역할을 잘할 것으로 보았기 때문일 것이다. 그런데 여기에는 문제점이 있다. 입주자대표회의는 아파트 가격을 올리기 위해 존재하는 단체가 아니라, 아파트에 사는 주민들의 편의를 고려해 삶의 질을 올리는 데 노력해야 하는 조직이라는 점이다.

입주자대표회의를 구성하는 동대표는 집주인만 가능하기 때문에 세입자 관점에서의 삶의 질을 올리는 노력은 부족해지기 쉽다. 관리비를 절감하려는 노력보다는 집값 올리기를 위한 노력에만 치중할 수 있다는 의미이다. 물론 자신이 사는 아파트에 대해서 집주인이 관심이 많겠지만, 전술하였듯이 관리비는 세입자의 입장에서도 중요한 사항이다. 그러나 제도적으로 세입자의 동대표 참여를 막아놓았기 때문에 관리비에 대한 관여가 구조적으로 불가능하다. 세입자는 그저 내라는대로 관리비를 내는 수밖에 없다.

지역에 따라 집주인보다 세입자가 많은 아파트도 많다. 특히 집값이 높은 지역의 오래된 아파트나 신흥 투기지역들이 그렇다. 이런 아파트들은 집주인의 절대적 모수가 적으므로 일단 엑스맨들이 장악해서 뿌리를 내리면 바로 잡기가 여간 힘든 것이 아니다. 게다가 엑스맨들의 활약(?)을 관심있게 살피거나, 앞에 나서서 저지하는 리더가 없는 상황이라면 사실상 거의 게임 오버다.

이런 아파트에는 10년 넘게 동대표 및 입대의 회장을 하는 사람들도 종종 볼 수 있다. 10년이 아니라 100년을 하면 어떠랴? 어차피 집주인(입주자)은 별로 많지 않아서 딱히 대신할 사람도 없고 세입자(사용자)는 권한이 없으니 말이다. 엑스맨들이 활동하기에 정말 좋은 조건인 셈이다.

아무래도 사용자가 많은 아파트는 여러 가지로 불리할 수밖에 없다. '내 집'이 아니고 잠시 머물다 스쳐지나가는 곳이라 생각하는 사용자(세입자)도 물론 있을 테니 당연한 일일 수도 있다. 분명히 문제가 있다. 사용자의 입대의 참여 가능여부를 검토해봐야 하는 이유이다.

어느 아파트나 예외가 없는 입주민의 특성

입주민들의 첫 번째 특성은 아이러니하게도 아파트에 관심이 없다는 점이다. 관심이 적은 정도가 아니라 아예 없는 경우가 많다. 윗집에 누가 사는지 모르는 것은 기본이고, 현관문 열면 바로 보이는 앞집에 누가 사는지 모르는 경우도 많다. 입주자대표회의가 뭐하는 곳인지는 당연히 모르고, 심지어 관리소장이 누군지도 모른다. 아파트 회장이 남자인지 여자인지도 모르고, 통장이 누군지 반장이 누군지 관심도 없다. 자동이체가 되는 덕분에 아파트 관리비가 얼마인지 어떤 사유로 내는지도 모르며 궁금해 하지도 않는다. 사실은 그냥 그렇게들 계속 살아왔기 때문에 별로 이상할 것이 없다.

주민 총회를 한다고 방송하면 시끄럽게만 들릴 뿐이다. 소송 참여와 같은 매우 중요한 일들에 대해 엘리베이터에 공지문을 붙이고 집집마다 문서를 넣어도 모르는 사람은 늘 모른다. 이런 사람들이 꼭 몇 달 뒤에 찾아와서 안내가 제대로 안 되었다며 오히려 큰소리를 친다. 왜 이런 중요한 내용을 직접 전화로 알려주지 않았냐고 항의하는 황당한 사람들도 생각보다 많다. (모든 세대들에게 일일이 전화 걸어서 알려야 되는 것일까?)

관심이 없으니 손해를 본다

아파트에 관심 없는 입주민은 어떻게든 손해를 볼 수밖에 없다. 잘 돌아가는 아파트의 입주민들은 이를 분명히 알고 있다. 리더들이 정확히 알려주었기 때문이며, 이미 경험을 통해 몸으로 터득했기 때문이다. 보통의 아파트에서 참여해달라는 호소와 부탁은 웬만해선 받아들여지지 않는다. 참여하지 않으면 나만 손해라고 생각하는 입주민이 많은 아파트에선 부탁하지 않아도 대부분 알아서 참여한다. 호소와 부탁은 웬만해선 먹히지 않았지만 참여했을 때의 '상'과 참여하지 않았을 때의 '벌'을 명확히 했을 때는 훨씬 효과가 좋았다.

입주민들의 두 번째 특성은 불만이 많다는 점이다. 불만은 많지만 직접 나서서 적극적으로 해결하지는 않는다. 자신의 불만을 충분히 설명하였으므로 해결은 누군가 알아서 해줄 것이라고 생각한다. 이런 권리가 당연하다고 생각하는 주민들도 많다. 보통의 경우, 불만은 또 다른 불만을 낳으며 엿가락처럼 길어진다.

불만이 많다, 끝도 없이 나온다

실제 사례를 소개한다. 크리스마스가 다가와 전구 달린 트리 장식을 할 시기가 되었다. 물론 전구 장식을 할지 말지는 해당 아파트에서 결정하면 된다. 트리를 달지 않으면 다른 아파트와 비교된다며 트리를 달자는 의견이 다수였다. 의견을 받아들여 트리를 달고 전구를 켰더니 "기름 한방울 나지 않는 나라에서 웬 전기 낭비냐"라는 불만이 나왔다.

누군가는 전구를 끄지 않으면 공동관리비를 못 내겠다며 관리사무소에 와서 으름장을 놓았다. (말이 으름장이지 거의 행패였다.) 그래서 트리를 끄니 왜 비싼 돈 들여 사서 달아놓고 사용을 안 하냐는 불만이 나왔다. 결국 전기료를 아끼기 위해 야간에만 한정해서 켜기로 했다. 그랬더니 한겨울에 누가 밤에 돌아다니냐며 초저녁부터 켜달라는 불만이 나왔다.

초저녁부터 켜기 시작했더니 직장인 퇴근시간에만 켜라고 불만이 나왔다. 퇴근시간에만 켰더니 누군가가 나는 11시에 퇴근하니 자정까지 켜라고 요구했다. 관리소는 입주민이 찾아와서 클레임을 걸 때마다 전구장식을 켰다 껐다 하느라 온통 정신이 없었다. 짐작했겠지만 이것은 나의 경험이다. 당시 경험이 많지 않은 회장이었던 나는 정말 이게 뭔가 싶었다.

다소 과한 예를 소개했지만 실제로 많은 의사결정에 이런 식의 불만이 이어진다. 입주민들의 불만은 고무줄처럼 길며 이런 모든 불만들을 동시에 만족시키는 최선의 결정이란 근본적으로 없다.

때론 매우 이기적인 사람들

입주민들의 세 번째 특성은 매우 이기적이라는 점이다. 자신에게 도움이 되지 않으면 좀처럼 움직이지 않으며, 모든 것을 본인 위주로 생각한다. 리더가 아무리 좋은 제안을 해도 본인에게 돌아올 것이 없으면 듣지 않는다. 참여도 하지 않는다. 금연 스티커 백 장을 붙여놓아도 비상계단에서 끝까지 담배를 피는 사람이 있다.

장애인 주차구역에 떡 하니 주차하는 것은 물론이고, 주차라인이 아님에도 본인 집과 가까운 곳에 아무렇게나 주차하는 차도 없어지지 않는다. 개가 어린이 놀이터에 대변을 보아도 사랑스럽게 쳐다보기만 하고 치우지 않는다.

아이 기죽일 수 없다며 아이들이 거실을 운동장처럼 쿵쾅거리며 뛰어다녀도 나무라지 않는다. 놀이터에서 노는 아이들이 시끄럽다며 놀이터 폐쇄를 요구하기도 하고, 분수대 물소리가 시끄럽다며 꺼버리라는 요구도 한다. 물론 그런 요구를 듣고 실제로 꺼버리면 누군가는 다시 켜놓으라고 한다. 입주민 총회를 일요일에 잡으면 "일요일에 모든 사람이 쉬냐?"라는 황당한 클레임을 아무렇지도 않게 거는 사람들도 있다.

물론 그런 입주민들도 본인들에게 피해가 될 것 같은 일에는 극도로 민감해진다. 너무나 자연스러운 입주민들의 특성이다. 이 특성을 몰랐을 때엔 앞에서 끌고가는 사람으로서 상처도 많이 받았었다. 도대체 왜 저러는지 이해가 되지 않았다. 오히려 이기적이라는 이 특성을 인정하고 나니 마음이 편해지고 반대로 그 이기심을 이용할 수도 있었다. 이 내용은 앞에서 일하는 사람에게 매우 중요하다. 입주민들은 상상을 초월할 정도로 이기적이라는 사실을 아예 철저하게 깔고 시작하도록 하자.

피해에 민감한 귀차니스트

입주민들의 네 번째 특성은 시끄러운 것을 싫어한다는 점이다. 무엇인가 바뀌고 좋아지려면 시끄러워질 수밖에 없다. 앞에 선 리더들이 활발하게 움직일수록 아파트는 시끄러워진다. 반대로 리더들이 아무것도 하지 않는 아파트는 고요하고 평화롭다. 당연하게도 아무것도 하지 않으니 조용한 것이다.

아무 일도 없는 듯이 조용한 아파트가 결코 좋은 것만은 아니다. 리더들이 활발하게 움직일 때마다 왜 이렇게 아파트를 시끄럽게 만드냐는 사람들이 꼭 있다. 좋아지려면 나쁜 일과 싸워야 하고, 싸우는 동안에는 시끄러울 수밖에 없다. 싸움에서 승리해 아파트가 좋아지면 그 혜택은 당연히 입주민 모두에게 돌아간다.

그럼에도 그냥 시끄러운 것을 못마땅해 하는 사람들이 있다. 마음껏 짜증을 내 더욱 시끄럽게 만든다. 이들은 왜 이럴까? 그저 싸우는 것이 싫은 평화주의자인 것일까? 나는 그들이 귀찮은 것이 싫은 사람들이거나 평생 모든 것에 짜증을 내며 살아온 습관을 가졌을 뿐이라고 생각한다. 아파트마다 매사에 반대하는 사람들은 늘 있게 마련이다.

마지막으로 다섯 번째 입주민들의 특징은 겁이 많다는 것이다. 엑스맨들이 고함이라도 치면 해코지라도 당할까 해서 열이면 아홉은 움츠러든다. 왠지 엑스맨들 조직은 탄탄해 보이고 자신은 혼자라는 생각에 초장부터 전의를 상실한다. 게다가 엑스맨들이 고소·고발이라도 들이대면 웜홀로 이동하듯이 순식간에 다 사라진다.

겁 먹으면 지는 거야

실제로 엑스맨들이 유용하게 애용(?)하는 방법이 바로 이 고소·고발을 앞세운 '십원짜리 협박'이다. 입주자대표회의의 불합리한 의사결정이나 관리사무소의 횡포에 대해 온라인에 글을 쓰면 명예훼손이나 업무방해에 해당할까? 그럴 일은 거의 없다. 사실에 입각해서 기재하면 입주민의 권리이자 공익을 위한 행동이 된다. 다시 말해 욕하지 않고 때리지만 않으면 문제 없다. (상식적으로 욕을 하면 모욕죄, 때리면 폭행죄가 성립된다.)

주민으로서 논리를 가지고 잘못된 것을 잘못되었다고 하는데 고소가 성립된다면 그것이 오히려 이상한 것이다. 고소하더라도 다 받아주지 않고, 처벌되지도 않는다. 설령 그렇게 고소를 당하더라도 귀찮을 수는 있지만 전과자가 될 확률은 거의 없다. 그럼에도 얽혀서 문제가 생기겠다 싶으니 선뜻 나서는 사람이 없다. 오히려 불의를 보고 나서는 사람이 또 다른 엑스맨으로 취급받는 경우가 있다. 바로잡으려 나서는 행동을 하는 사람이 소수이기 때문이다. 사실 이해한다. 예전엔 나도 그랬으니까.

보통의 아파트 입주민이라면 이 글을 읽고 기분이 썩 좋지 않을 수도 있겠다. 나는 수년간 아파트의 대표를 해오면서 위에 기술한 입주민의 특성을 처음부터 알고 있었더라면 조금 덜 힘들게 많은 일들을 해결할 수 있었을 거라고 생각하게 되었다. 또한 리더의 입장에서 마음 상하고 괴로워 할 일들도 훨씬 적었을 것이다.

입주민의 의무 (알면 아주 깜짝 놀랄지도 모름)

입주민의 의무를 알아본다. 대단한 의무가 있을까 생각하겠지만 몇 가지는 알고 있지 않으면 손해보는 내용이다.

> 우선 관리주체는 공동주택을 효율적이고 안전하게 관리할 의무가 있다. 입주민은 공동체 생활의 질서가 유지될 수 있도록 이웃을 배려하고 관리주체의 업무에 협조하여야 할 의무가 있다.

법에는 위와 같이 기재되어 있다. 이상할 것 없는 상식적인 내용이다. 말 그대로 관리주체는 효율적이고 안전하게, 입주민들은 서로 배려하고 협조해야 하는데 현실에서는 정반대의 상황이 자주 발생한다. 관리비는 계속 올라가는데 절감 시도를 하는지 안 하는지 알고는 있나 싶을 정도로 비효율적인 관리가 이루어지기도 한다. 너무나 불친절한 관리사무소 직원도 있고, 경비실에 앉아서 공자님과 면담(?)하시는 경비원도 있다.

엘리베이터는 시도 때도 없이 멈춰서고, 계속 빙판이 생겨 같은 곳에서 여러 명이 넘어져 낙상 위험이 있음에도 그대로 빙판이 방치되어 있는 경우도 있다. 전방주차가 원칙인 주차장에서 후진으로 차를 빼다 사람을 치기도 하고, 지하주차장에서 자전거와 인라인 스케이트를 타며 노는 아이들을 내버려 두기도 한다.

함께 살기 위한 예의로서의 의무

윗집은 전쟁난 것마냥 뛰어다니고, 아랫집에선 담배냄새가 풀풀 올라와 샌드위치 공격을 당하기도 한다. 어떤 입주민은 관리사무소를 놀이터로, 관리소장을 동네친구로 생각하는지 시도 때도 없이 드나들며 일을 방해한다. 경비원에게 개인적인 심부름을 시키는 사람도 있고, 전화로 욕을 퍼붓는 사람도 있다. 욕실 유리가 깨졌으니 관리사무소에서 복구해놓으라는 요구를 줄기차게 한 주민 때문에 결국 그 집에 찾아가서 대표로서 중재한 경험도 있다.

많은 사람들이 모여 살다보니 어쩔 수 없다고 생각할 수도 있겠다. 그러나 한 가지만 알고 넘어가자. 입주민이 '내 집에서 내 맘대로' 하는데 뭐가 문제냐고 할 수는 있겠지만 공동주택에서 살기 위한 의무 위반인 것은 명백하다.

의무를 위반했다고 평상시에 큰 문제될 리는 없다. 그러나 문제가 심각해져 법정 다툼으로까지 번지게 될 경우 누가 의무를 위반했느냐가 중요한 쟁점이 될 수밖에 없다. 중요한 의무 몇 가지만 짚고넘어가자.

공익을 방해하지 말아야 할 의무

전술했듯이 관리주체에 협조까지는 아니더라도 최소한 업무를 방해하지 말아야 하는 의무가 있다. 사실 평범한 입주민들은 방해할 일이 없다. 방해할 의도가 없어서이기도 하겠지만 관리사무소에 갈 일이 없으니 방해 자체를 할 수가 없는 경우가 대부분이다. 그런데 아파트마다 이상한 사람들은 꼭 있다.

아무 이유 없이 관리사무소에 하루 한 번씩 출근도장 찍으며 커피 심부름도 시키고 관리소장을 종처럼 부리는 입주민도 있다. 분리수거함에 일부러 쓰레기를 바꿔넣는 입주민도 있다. 관리사무소에서 붙여놓은 공고문을 갈기갈기 찢어버리는 입주민도 있다. 대부분 문제를 안 삼아서 그렇지 제대로 문제 삼으면 업무방해죄가 성립된다. 범죄가 되므로 내가 붙인 게 아니라면 떼지 말자. 노상방뇨는 애교다. 어이없지만 엘리베이터에 탈 때마다 코딱지 붙이는 게 취미인 사람도 있었다. CCTV를 확인해서 누군지 알아낸들 도대체 왜 코딱지를 붙이냐고 물어볼 수도 없는 일이다. 그 라인에 사는 사람들은 늘상 누군가의 코딱지를 보며 살아야 하는 기이한 운명이 된다.

망가뜨리면 물어줘야 할 의무

배상책임의 의무도 있다. 입주민이 고의 또는 과실로 타인의 전용 또는 공용 시설물을 훼손하였다면 물어낼 책임이 있는 것이다. 원칙적으로, 고의가 아닌 과실까지도 책임이 있다는 점이 중요하다. 예를 들어 자동차 운전이 서툴어서 나무를 들이받았다고 해보자. 차는 부서지고 나무는 부러졌다. 차는 당연히 내가 고쳐야겠지만 나무는 어떻게 해야 하나? 나무도 운전자가 다시 심어놓아야 한다. 억울해도 할 수 없다. 다른 입주민들에게 피해를 주었다면 원상복구해놓아야 한다.

살면서 천장에서 물이 새는 경우는 흔하게 발생한다. 요즘에는 이럴 때 어떻게 해야 하는지 알고 있는 입주민들이 많다. 그러나 과거에는 이 문제로 다투는 경우가 많았다. 천장에서 물이 새는 건 윗집 수도관에서 누수가 발생하여 아랫집에 피해를 준 것이므로 윗집이 고쳐야 한다. 안 고치고 버티면 타인의 전용시설에 피해를 주지 말아야 할 의무를 위반한 것이 되므로 손해배상 소송 등으로 발전하여 손실만 더 커질 수 있다.

참고로 최고층(탑층 또는 펜트하우스)은 옥상에서 문제가 발생한 것이므로 공동비용으로 보수한다. 최저층의 하수관 역류도 제때 청소를 하지 않아 하수관이 막히거나 겨울에 동파되었을 경우에 발생한다. 역시 공동비용으로 보수한다. 의외로 자주 생기니 최고층이나 최저층 세대는 상식적으로 알아두자.

민폐를 끼치면 책임져야 할 의무

술 한 잔 걸치고 쓰레기통이나 공동로비 유리문도 차거나 때리지 말자. 걸리면 결국 배상해야 한다. CCTV는 의외로 많다. 특히 현관 도어락 주먹으로 내려치지 말자. 아파트는 태권도장이 아니다. 필자가 입대의 회장을 할 때 한두 달에 한 번꼴로 도어락 파손 복구 결재가 올라왔다. 아무리 화가 나도 도어락 부셔버리지 말고, 엘리베이터 거울에 정권 꽂지 말자. 술 마시고 거울 깬다고 원빈처럼 멋있지 않다. 각자 사연이야 있겠지만 결국 손 다치고 내 돈만 나간다. 설령 안 걸리더라도 공동비용으로 처리되므로 관리비 인상의 요인이 된다.

집주인으로서의 의무

마지막으로 이런 의무도 있다. 세입자가 관리비를 연체할 경우 배상책임이 누구에게 있을까? 실제로 이 질문을 해보면 대부분은 세입자에게 있을 것 같다고 대답한다. 틀렸다. 배상책임은 집주인에게 있다. 공용부분은 그렇다고 쳐도 세입자 본인이 사용한 전기료, 수도료까지 집주인이 내야 되는 것일까? 맞다. 경매로 집주인이 바뀌는 특수한 경우를 제외하곤 전부 다 집주인에게 있다고 보면 된다.

사용자(세입자)가 관리비, 사용료 등을 체납할 경우 집주인은 그에 대해 책임을 질 의무가 있다. 일반인들이 많이 혼동하는 부분이다. 그래서 사용자(세입자) 변경시 선 관리비 정산, 후 보증금 반환이 합리적인 것이다.

입주민의 권리 (중요하고 중요한)

입주민의 권리를 알아본다. 너무 중요한 내용이다. 입주민의 의무는 크지 않지만 그에 비해 권리는 상당히 크다. 게다가 강력한 권한을 가지고 있다. 우리나라 아파트의 불신과 문제의 출발이 바로 이 권리를 이해하지 못하고 그것을 주장하지 않아서라고 생각한다. 주어진 권리를 당당하게 누리면서 사는 입주민은 극도로 적다. 중요한 권리만 알아본다.

대표자를 뽑을 권리, 나설 권리

선거권과 피선거권이다. 입주자대표회의 동대표나 선거관리위원회에 직접 나갈 수도 있고 뽑을 수도 있는 권리이다. 하라고 하는데 안 할 뿐이지 모든 입주자(집주인)들은 아파트에 막대한 영향을 미칠 수 있는 자리에 누구나 들어갈 수 있다. 입주민 권리 중 가장 강력한 권리임에도 현실에서는 95%의 입주민이 이 권리를 포기한다. 직접 나가지도 않고 잘 보고 뽑지도 않는다.

동대표는 나 같이 바쁜 사람이 하는 게 아니라 할 일 없고 시간 많은 사람이나 하는 것이라고 생각한다. 동대표 선거에 관심이 없음은 물론, 내가 사는 동의 대표 후보로 누가 나왔는지 관심도 없고, 당선된 동대표가 어디 사는지도 모른다. 로 보트 태권브이가 출마해도 당선되고, 부시맨이 팬티만 입고 출마해도 당선될 정도이다. 대부분의 아파트들은 다 비슷하다고 보면 된다. 바로 1%의 소수 입주민이 99%의 절대다수 입주민을 장악할 수 있는 구조적 이유가 되는 것이다.

묻거나 따질 권리

아파트 관리가 마음에 들지 않으면 입주자대표회의나 관리사무소에 의견을 진술할 수 있는 권리도 있다. 지나치게 당당할 필요도 없겠지만 너무 죄송해하면서 부탁할 필요도 없다. 여러분들의 권리이기 때문이다. 잘못된 점을 개선해달라는 의견, 부족한 부분을 보완해달라는 의견은 입주민의 권리이다.

필자가 살았던 아파트에는 지하주차장으로 내려가는 램프 끝에 하수구를 덮는 철제 설치물이 있었다. 차가 지나갈 때마다 덜컹거리는 소리가 날 수밖에 없는 구조였다. 운전자는 거의 의식하지 못했지만 주차장 바로 위의 세대는 낮이고 밤이고 하루종일 그 소리를 들어야 했다. 참다 못한 입주민이 공사 건의를 했고 그 의견이 입대의에서 받아들여져 약간의 공사를 통해 개선했다. 그리고 소음은 없어졌다. 그 입주민이 요구하기 전까지는 아무도 몰랐다. 이런 종류의 문제들은 누군가에겐 중요한 문제임에도 직접 요구하지 않으면 아무도 알아주지 않는 애로사항들이다.

물론 모든 의견을 받아들일 수 있는 것은 아니다. 층고가 낮아 탑차가 지하주차장으로 못 내려가는 아파트가 많다. 당시 우리 아파트도 그랬다. 회장이었던 나에게 입주민 중 탑차 소유주가 지하 주차장 출입구를 높여달라는 요구를 했다. 몇 대 안 되는 지상의 주차공간이 차버리면 이 입주민은 주차할 공간이 없어지는 것이었다. 입대의 검토 결과 막대한 공사비용 때문에 의견을 수용하지 못하는 것으로 결론이 났다. 그렇지만 이 입주민은 그런 의견을 낼 수 있는 권리가 있었다. 수용 여부를 떠나 의견을 개진하는 것은 지극히 정상이다.

잘못하는 대표 해임시킬 권리

또한 선거관리위원회와 입주자대표회의의 해임제창권과 해산권이 있다. 해임에 대한 권리도 매우 중요하다. 사실 아파트 동대표 선출하는데 후보자에 대해 알면 얼마나 알아서 뽑겠는가? 일단 자발적으로 동대표 하겠다는 사람도 많지 않은데다 출마 당시의 공약 소견서에는 오만 가지 좋은 얘기들로 가득하다. 본인은 봉사하기 위해 나왔고, 관리비도 줄이고, 이것도 하고 저것도 하고…. 동대표 선거는 대선과 총선의 극축소판이라 생각하면 이해가 될 것이다. 당선된 뒤 정말 그 공약대로 잘해주면 얼마나 좋을까. 그러나 현실에서 그럴 리가 없다는 것은 나도 알고 독자 여러분들도 잘 알고 있다.

당선된 동대표가 봉사는커녕 개인의 안위를 위해 행동하며 저 멀리 안드로메다로 날아가버린다면 임기가 끝날 때까지 서로 눈 감고 무시하며 살거나 해임시키는 방법밖에는 없다. 주민이 뽑은 동대표이니 해임도 500세대 이상의 아파트에선 오직 주민만이 시킬 수 있다. 입대의 회장도 할 수 없고, 다른 동대표들이 모여서 결의를 해도 해임시킬 수 있는 권한은 없다. 오직 동대표를 선출한 그 동의 주민 과반수 동의로만 해임시킬 수 있다. 이것은 반대로 말하자면 주민이 해임시킬 의지가 없으면 절대 해임당하지 않는다는 의미도 된다. 유일하게 해임시킬 권한이 있는 주민이 정작 관심이 없거나 의지가 없다면 무슨 짓을 해도 해임당하지 않는다는 것이다.

해임 절차는 다소 복잡하게 규정되어 있다. 선의의 피해자를 막기 위해서일 것이다. 그러나 아무리 절차가 복잡하더라도 엑스맨들의 잘못이 드러나게 되면 반드시 해임시켜야 한다. 동네에서 얼굴 붉히기 싫어 우물쭈물하면 일만 더욱 커지고 공동의 피해만 늘어날 뿐이다.

해임권이 가장 중요한 권리일 수도 있다

필자가 살던 아파트에선, 회장이었던 나를 제외한 나머지 모든 동대표들이 해임되는 사건이 있었다. 통상적으로는 비리를 저지른 회장이 해임되는 게 보통이지만 우리 아파트는 반대로 회장 혼자만 남게 된 이상한 상황이었다. 당시는 나의 전작인 〈아파트에서 살아남기〉라는 책이 각종 언론에 많이 소개되고 있을 때였다.

책을 읽었던 독자들은 저자인 나를 위인전(?)에 등장할 법한 정의로운 사람으로 보았을지 몰라도, 당시 나와 함께 구성되었던 동대표들은 나를 본인들의 이익을 반대했다는 이유로 고집불통에 융통성없는 사람으로 몰아붙였다. 그들은 회장이었던 나를 좋아하지 않았다. 결국 그들은 연합해서 회장을 해임하려는 시도를 감행했다. 나는 책을 양심에 가책 없이 썼고 세상에 알릴 수 있을 정도의 정의감은 가지고 살아가는 사람이었다. 그랬던 내가 졸지에 해임당할지도 모르는 상황이 된 것이다.

7대 1의 싸움이 벌어졌다. 모든 사건의 정황과 이들의 부정에 대해 빠짐없이 온라인 카페에 공개했고 주민들의 심판을 받았다. 다행히 주민들은 누가 옳은 길을 갔는지 알고 있었다. 주민들은 본인들의 중요한 권리인 해임권을 적시에 발휘하여 저들을 해임시켰고, 결국 아파트는 정상화되었다.

다시 말하지만 선출할 때는 후보자에 대해 모르고 선출할 수밖에 없다. 선출된 동대표가 잘하면 다행이겠지만, 잘못된 행동을 한다면 그 행동을 강제로 끝내게 할 수밖에 없다. 오직 주민만이 이것을 할 수 있다. 이것이 내가 해임권을 가장 중요한 권리라고 생각하는 이유이다. 우리가 우리의 권리를 포기하지만 않으면 다소 복잡하고 시간이 걸릴지는 모르지만 언젠가 아파트는 반드시 투명해지고 깨끗해진다. 대통령도 탄핵을 통해 해임시키기도 하는 세상임을 잊지 말자.

견뎌야 할 것은 왕관의 무게가 아니라 모함

아파트 일꾼에게 모함은 언제나 그림자처럼 따라다닌다. 이것은 비단 아파트뿐 아니라 어디에서든 대중의 앞에 나선자의 숙명이다. 필자는 〈아파트에서 살아남기〉의 저자이다. 10년이 넘는 기간 동안 나의 가장 혈기왕성한 젊은 시절을 아파트 정상화와 비리척결에 쏟아부었다. 아파트 관련 활동이 거의 유일한 취미생활인 것처럼 살았다. 그럼에도 그 아파트엔 나를 도둑놈이라고 확고하게 믿고 있는 사람들까지 있었다. 참 억울하기도 하고 아이러니하기도 하지만 사실이다.

내가 도둑이라는 증거는 어디에도 없었다. 왜냐면 도둑이 아니니까. 그러나 그 사람들에게 증거 같은 건 별로 중요한 것이 아니었다. "내가 백 원짜리 한 개라도 부당하게 가져갔다는 것을 밝혀내면 그 사람에게 내 집을 주겠다." 공개석상이나 주민총회에서 여러 번 했던 말이다. 실제로 백 원짜리 한

개도 부당하게 가져간 적이 없다.

그러나 필자를 음해하는 부류의 사람들은 레벤톤(나의 필명)이 뭔가(그게 뭔지는 잘 모르겠지만)를 해먹었다는 '모함'을 이어갔다. 그 부류를 쫓아다니는 멍청이들은 그 내용을 철석같이 믿었다. 그 소문을 널리널리 퍼뜨려주는 역할도 멍청이들의 몫이었다.

필자가 회장일 때 아파트에 대대적으로 수목식재를 한 적이 있다. 대대적인 수목식재는 땅 파기부터 수목 입고, 검수, 식재까지 업무가 연속되어야 하므로 주말 이틀 동안에 모든 걸 진행할 수가 없다. 평일에 할 수밖에 없는 일이었다. 나는 급여생활자이므로 평일에 시간을 낼 수가 없어 다른 동대표 중 한 분이 일을 총괄해서 진행했었다. 그 동대표는 모든 절차를 문서화해서 남겼고 문서들은 주민에게 공개되었다. 나는 회장으로서 절차상 문제가 없다고 판단해 비용결재만 했다.

나무 식재가 완료되자 바로 기다렸다는 듯이 회장이 나무 심고 돈을 해먹었다는 소문이 돌았다. 나는 수목업체랑 만나본 적도 없는데 자동으로 횡령범이 된 것이다. 결국 경찰에 진정서까지 제출되었다. '레벤톤이 나무 심고 돈을 먹은 것 같으니 조사해달라'라는 내용이었다. 경찰에 가서 내가 한 말은 이게 전부였다. "제가 안 심었는데요?" 경찰에게 내가 돈 먹었다는 진정서 상의 증거가 뭐냐고 물었더니 증거가 없다고 했다. 그렇다면 나는 왜 경찰서에 가서 저런 말 같지도 않는 인간들의 진정에 답을 해야 하는 것이었을까? 그리고 누군가는 왜 그것을 철석같이 믿고 있는 것일까? 결과적으로 나는 경찰서에 방문하는 수고를 들였고 소중한 시간을 낭비했다. 그럼에도 이런 피해에 대해 보상받을 수 있는 방법은 없다.

이런 식의 스토리는 거의 '모함의 정석'이다. 모함은 사실이든 아니든 하나도 중요하지 않다. 뭔가 일을 하고 돈을 쓰면 그냥 무조건 돈을 먹은 게 된다. 모함은 아주 생명력이 길다. 모함을 만들어내는 사람들은 그게 한심한 모함이 아니라는 것을 증명하기 위해 더 쎄고 더 오래가는 모함을 창출해낸다. 그래서 모함은 끝이 없다.

한 번은 필자가 아파트 일을 하다 회사에 걸려서 잘렸다는 소문이 돌았다. 회사 사람들도 내가 〈아파트에서 살아남기〉 저자라는 걸 다 알고 있는데 도대체 무슨 엉뚱한 얘긴지 알 수가 없었다. 재직증명서를 눈앞에 보여주어도 위조했을 거라며 안 믿었을 것이다.

집에서 쫓겨났다는 소문도 돌았다. 그 소문을 전달해준 사람을 만나기 위해서 방금전 집에서 걸어나왔는데 말이다. 와이프한테 이혼 당했다는 소문도 돌았다. 그래서 집사람한테 물어봤다.

"나 당신한테 이혼 당했어?"
"그게 뭔 개소리야."

내가 연예인이라도 된 것인지 왜 이렇게 관심들이 많을까? 세상엔 할 일도 더럽게 없는 사람들이 많다. 사실 이런 모함을 누가 퍼뜨리고 다니는지는 너무 뻔했다. 문제는 그냥 믿어버리는 사람들이 생각보다 많았다는 것이다. 가짜뉴스는 만들기는 쉽지만 해명하는 것은 열 배로 어렵다. 게다가 모두에게 정확하게 해명이 되지도 않는다.

처음에는 내 자신의 진정성과 결백함을 호소하는 데 많은 시간을 쏟았다. 어느 순간 전혀 그럴 필요가 없음을 깨닫게 되었다. 내가 아무리 사실을 얘기해도 듣고 싶지 않은 사람들은 듣지 않는다는 것을 알게 되었기 때문이다. 세상에는 논리와 팩트로 설득시킬 수 없는 사람들이 의외로 많다. 이런 일이 반복되면 속이 상할 수밖에 없다. 그래도 흥분하면 안 된다. 리더에게 모함이란 그림자처럼 따라다니게 되어 있다. 그게 숙명이다. 사전에 정신무장을 하는 수밖에 없다.

입주자 대표회의에 주목하라

입대의란 정말 무엇인가?

입주자대표회의에 대해 알아본다. 아마 동대표라는 말은 들어봤어도 입주자대표회의라는 말은 처음 듣는 사람들도 많을 것이다. 각 동에서 동대표를 선출하고, 그 동대표들이 모인 기구가 입주자대표회의(이하 입대의)라고 보면 된다.

물론 최대한 간단히 설명한 것이고 실제로는 각 아파트의 상황에 따라 2개 동 이상을 묶어 1개의 선거구로 묶을 수도 있다. 입대의(동대표들의 모임)와 관리주체(관리사무소)가 아파트의 핵심이자 여러분이 사는 아파트의 수준, 삶의 질, 관리비까지 결정한다. 당연히 아파트에서 가장 중요한 단체이다.

아파트는 집합단체이자 자치단체라는 특성이 있는데, 입대의가 바로 자치를 결정하는 막강한 권한의 단체인 것이다. 엑스맨들이 입대의를 장악하면 여러분들의 관리비는 계속 올라갈 것이고, 여러분들이 모아놓은 공금은 어디론가 사라질 것이며 아파트가 돌아가는 일들은 비밀의 상자 속에 들어갈 것이다. 투명한 사람들이 입대의를 장악하면 모든 의사결정 과정과 전후 사정들이 공개될 것이고, 여러분들의 요구는 받아들여질 것이며, 관리비는 내려갈 것이다.

아주 간단하다. 수천 세대 아파트에서 매월 관리비 1만원씩만 더 내도 매월 몇천만원이 어딘가에 쌓인다. 1년이면 수억이 넘고 최대 임기인 4년이면 수십억이 넘는다. 내 지갑에서 나간 작은 돈 1만원이 수십억이 되는 것이다. 돈은 똥이다. 똥이 모이면 똥파리들이 달려든다. 똥파리들은 병균 덩어리이다.

입대의는 축소된 정치판이라고 생각하면 된다. 정치판과 다른 게 있다면 그 세계로 들어가는 것이 너무나 쉽다는 점이다. 일단 한 번 되고 나면 끌어내리는 것은 너무나 어려운데도 들어가는 것은 아주 쉽다. 통상 별 생각 없이 한번 해볼까

하는 생각에 동대표에 지원하는 사람도 있다. 그러나 별 생각 없이 입대의로 들어간 후에 만나는 세상은 정말 신기하다.

이름만 들어도 알 만한 지역 정치인들이 찾아오고 여기 저기서 친해지자는(사실은 한 편이 되어달라는) 러브콜이 쇄도한다. 관리소장이 굽신거리고 경비 아저씨들은 거수경례를 올린다. 집에 뭔가 문제가 생겨 관리사무소로 전화라도 한 통하면 즉각 출동해 문제를 해결해준다. 회의비도 주고, 업무추진비도 주고, 명절이 되면 하청업체에서 선물도 들어오고, 별 이유 없이 주위 단체에서 떡고물도 준다. 정말 대단한 사람이라도 된 듯한 착각에 빠질 수밖에 없다.

왜냐? 권한이 막강하기 때문이다. 아파트는 엑스맨에게는 똥밭이자 정치인에게는 표밭이다. 1,000세대 아파트의 유권자는 무려 3,000표이다. 본인, 배우자, 부모, 성인자녀까지 생각해보면 한 세대당 평균 3표는 된다. 그래서 국회의원이 찾아오고 시의원, 구의원도 때가 되면 들락날락거리며 공수표를 던지는 곳이 아파트이다. 오만 가지 지역행사에 입대의 회장을 초대하는 것도 보편적인 일이 되었다. 입대의가 "아무개 후보가 우리 아파트를 위해 노력해주기로 했다"고 언급이라도 하면 표는 이동한다. 시의원, 구의원이 되고 싶은 사람은 일단 그 지역에서 세대수가 가장 많은 아파트로 이사간다는 얘기가 괜히 나온 것이 아니다. 어차피 후보자가 누군지도 잘 모르는데 같은 아파트에 산다고 하면 찍어주는 게 인지상정일 테니 어쩔 수 없다.

또한 동대표들이 모인 입대의에서 관리주체를 포함한 경비, 청소, 보안 등 각종 용역계약을 의결한다. 밉보이면 짤릴 수도 있는 갑과 을의 관계가 명확하게 형성된다. 자기 목줄을 잡고 있는 사람인데 평소에 그 사람에게만큼은 잘하지 않을 수가 없다. 가끔 언론에서 입대의 갑질 기사가 나온다. 관리소장에게 종놈이라는 폭언을 퍼붓고, 경비원에게 시장 바구니를 들고다니게 하는 등 요지경인 세상이다. 그러나 내가 보기엔 하나도 이상하지 않다. 못난 사람에게 권력이 주어지면 그 권력을 최대한 이용한다. 언론에 나오지는 않았지만 수많은 갑질 사례가 여러분들이 사는 아파트에서도 일어나고 있다고 봐야 한다. 인근 지역의 주민 혐오시설에서 이권을 제시하고, 하다 못해 동네의 큰 식당에서도 러브콜이 올 지경이면 말 다 한 것이다. 일반 주민들은 거의 관심을 가지지 않지만 입대의에게는 혜택과 이권이 넘치고 넘쳐난다.

입대의 회의를 보면 그것을 알 수 있다

동대표들이 모여 입대의를 구성한다고 했다. 입대의는 회의를 소집하고 과반수의 찬성으로 모든 안건에 대해 의사결정을 한다. 참고로 과반수란 반을 넘는 숫자를 의미한다. 예를 들어 20명의 동대표가 선출된 경우 반은 10명이므로 과반수는 11명이 된다. 우선 회의를 소집한다는 것이 중요하다. 회의 소집 없이 동대표들끼리 전화나 문자로 서로 주고받으며 의사결정을 할 수 없다. 정해진 장소에 모여서 정해진 절차로 의결행위를 하고 공지해야 한다. 몇 가지 중요한 회의 규정을 알아본다.

회의는 회장이 소집한다, 그것부터 권한이 시작된다

이 규정 때문에 회장은 회의 소집 권한밖에 없다고 주장하는 사람들이 간혹 있는데 그것은 맞지 않다. 회장은 회의를 소집하는 권한까지 가지고 있다고 보는 것이 맞다. 그런데 회장이 회의를 의도적으로 소집하지 않는 경우도 있다. 예를 들어 회의 안건이 회장해임이라고 해보자. 회장이 본인을 해임하겠다는 안건의 회의를 소집할 리가 없다. 그래서 공동주택관리법 시행령에는 회장이 회의를 소집하지 않을 때 관리규약이 정하는 이사가 그 회의를 소집하고 직무를 대행할 수 있도록 규정되어 있다.

여기에서 또 이상한 일들이 생긴다. 인천시 관리규약 준칙에는 이런 경우 이사 중 연장자가 회의를 소집하게 되어 있다. 그 연장자가 회장과 친한 사람이라 소집을 안 하면 어떻게 되는 것인가? 그 연장자보다 한 살이라도 어린 사람은 회의를 소집할 수 없으므로, 이론상 이 아파트는 영원히 회의를 소집할 수 없게 된다. 시정지시 권한이 있는 구청에 이런 상황을 설명하면 구청은 회의를 진행하라는 시정지시를 내릴 것이다. 그럼에도 그 지시를 따르지 않으면? 구청은 우리도 더 이상 어떻게 할 방법이 없다는 답변을 줄 것이다. 소송밖에는 방법이 없다. 이래서 법이 어렵다. 공동주택관리법 역시 일반인이 보기에도 허점 투성이이며 주민간의 쓸데없는 분쟁을 유발하게 되어 있다. 이래서 전문가로 구성된 강력한 권한을 가진 '아파트관리청'이 필요한 것이다.

회의 규정부터 지키는 입대의가 일 잘하는 입대의다

회의는 회의 개최 5일 전까지 일시, 장소 및 안건을 동대표들에게 통지하고 주민들에게 공개하도록 되어 있다. 이 규정도 전국적으로 민원이 많이 들어오는 부분이다. 동대표들 사이에서도 패가 갈려져 특정 동대표에겐 일부러 회의를 안내하지 않는 경우가 있다. 5일 전이 아닌 3~4일 전에 회의 소집하는 경우도 많다.

특정 동대표에게 회의를 알리지 않았거나, 5일 전이 아닌 3일 전에 공고한 후 의결을 했다면 도대체 무효인가, 유효인가? 결론을 말하자면 그때 그때 다르다는 것이다. 원칙적으로는 알려야 할 내용을 알리지 않고, 5일 전에 공고하라는 것을 3일 전에 진행했으므로 무효가 맞을 것이다. 구청에 민원을 넣어도 규정대로 다시 하라는 답변이 올 것이다.

그런데 구청 지시를 무시하고 다시 진행하지 않는다면? 역시 현실적으론 소송밖엔 답이 없다. 게다가 최근 판례를 보면 매우 악의적인 이유가 있지 않은 이상 절차가 좀 잘못되었어도 회의결과를 무효로 판단하지도 않는다. 뭐 하다보면 5일 전에 공고해야 하는데 3일 전에 했어도 봐줄만 하다는 정도로 이해된다. 사실 이럴 거면 규정이 왜 있는지 모르겠지만 현실은 이렇다. 여기서 하고 싶은 얘기는 간단하다. 현실이 이러니 이런 사소한 것으로 힘 빼지 말자는 것이다.

회의하는 시간대도 잦은 이슈가 된다

일반적인 직장인의 경우 평일 낮에 회의를 진행하게 되면 연차를 쓸 수밖에 없다. 엑스맨들은 바로 이 점을 노린다. 이 글을 다 읽고 나서 여러분 아파트의 회의시각을 유심히 살펴보기 바란다. 매번 평일 낮 시간에 회의를 진행한다면 뭔가 수상한 점이 있는 아파트일 확률이 70% 이상이다.

물론 우연히도 모든 동대표들이 낮 시간(일과중)에 할 일이 없는 분들이거나, 언제든 시간을 낼 수 있는 사람으로 구성되어 있을 수도 있다. 설령 그렇다 할지라도 평일 낮에 진행하는 회의는 옳다고 보기 어렵다. 이런 시간의 회의는 활발한 경제활동을 하는 연령층의 참여를 막는다. 또한 생업을 가지고 있는 사람들의 동대표 진출과 회의 방청 자체를 막아버리는 효과(?)도 있다. 아파트를 위해 봉사해보고 싶은 의지가 있더라도 평일 오후 2시에 회의가 열린다면 참석이 안 되는데 뭘 어떻게 할 것인가?

회의 방청 규정을 보면 속셈이 보인다

규정에 의하면 회의를 방청하기 위해선 관리주체에게 신분을 밝히고 신청을 하게 되어 있다. 원활한 회의 진행을 위한 목적일 것이다. 그러나 투명한 아파트에선 굳이 입주민들이 시간을 내서 회의 방청을 하지 않는다. 오히려 문제 있는 아파트에서 위의 규정을 유리하게 적용하는 사례가 많다.

내가 회장일 때는 사전 신청 규정을 없애버렸다. 사전 신청을 했든 안 했든 회의 시작 전이든 진행 중이든 입주민이 방청을 희망하면 누구든지 들어올 수 있게 운영을 했다. 아무나 들어올 수 있도록 회의실 문도 열어두었다. 나는 애써 시간을 내서 관심 가지고 참여하는 입주민들이 고마웠다. 회의 중에라도 입주민이 들어오면 목례로 감사함을 전했다.

내 회장임기 종료 후 새로 구성된 차기 입대의에서는 회의 1시간 전까지 신분증을 지참하고 신청하여야 하며, 1시간 전에서 1분이라도 늦을 경우 입장 자체를 거부하는 규정을 만들었다. 그들은 회의를 시작하면 회의실 문도 잠갔다. 아파트 관련 회의에 무슨 대단한 비밀이 있다고 이랬던 것일까? 차기 입대의 대표들은 관심을 가지고 참여하려는 입주민들을 보이콧하는 규정부터 만든 것이다. 왜 그랬는지는 독자들의 상상에 맡기겠다.

중요한 내용이므로 반복해서 말한다. 여러분들이 사는 아파트의 입대의가 정상인지 비정상인지 구별하는 방법은 아주 많지만 두 가지만은 꼭 기억하자. 평일 낮에 회의를 진행하면 70%의 확률로 이상한 입대의이다. 사전신청을 안 했다고 입장을 못하게 하거나 문을 잠근 채 회의를 하고 있다면 90%의 확률로 이상한 입대의라 보면 된다.

입대의 회장의 '막강한' 역할

동대표들이 뽑혀 입대의가 구성되면 그 동대표 중에서 회장, 감사, 임원을 선출한다. 일단 동대표가 되어야 회장도 하고 감사도 하는 것이다. 국회의원 중에 원내대표도 있고 최고위원도 있고 무슨 무슨 위원장이 있는 것과 같은 이치다. 일반 동대표들에게는 회의참석에 따른 회의수당만 지급되지만 통상 임원 이상은 회의수당 외에 업무추진비도 함께 지급된다.

업무추진비에 대해서 간단하게 알고 넘어가자. 직무별 업무추진비 금액은 아파트에서 알아서 정하는데 통상 20~30만원 수준의 소액이다. 감사 및 임원에게도 10만원 수준이 지급된다. 그런데 어떤 아파트에서는 회장에게 100만원 이상의 금액이 지급되기도 한다. 과거에는 200만원 이상이 넘게 지급된 사례도 있었다. 상식적으로 이 정도면 봉사직이라기보다는 직업에 가깝다고 볼 수도 있다.

업무추진비를 받고 교통비, 통신비 등을 또 받는다고?

업무추진비는 어디에서 충당하는가? 당연히 입주민들 관리비에서 충당한다. 입주자대표회의 운영비 명목으로 매달 관리비에서 빠져나가는 돈으로 회의수당과 업무추진비를 지급하는 것이다. 아파트에서 알아서 정하다보니 업무추진비가 말썽이 되는 경우도 많다. 업무추진비는 간단하게 말하자면 교통비, 통신비 등 업무 추진의 명목으로 지급되는 것이다. 반드시 교통비, 통신비로만 사용하여야 하는 것은 아니지만 최소한 이 항목으로 다시 받아가면 이중수령이 된다는 의미이다.

상당수의 아파트에서 업무추진비를 받는 임원들이 교통비를 별도 청구한다. 몰라서 그랬든 알고 그랬든 문제가 되면 결국 횡령과 다를 바가 없다. 푼돈 가지고 왈가왈부한다고 생각할 수도 있겠다. 업무추진비를 받는 사람이 매월 택시비, 유류대 명목으로 돈을 받아가는 걸 실제로 여러 차례 보았다. 이런 사례를 만드는 사람들은 횡령인지 아닌지를 떠나 인간의 기본적 도덕성에 문제가 있다고 생각한다.

도장을 가진 자가 힘을 가진다

회장의 권한은 가히 막강하다. 원칙적으로 회장의 권한은 의결권 하나이지만 실질적으로는 입대의 동대표들 권한을 다 더한 것보다 회장의 권한이 더 크다. 회장에게는 비용집행이 가능한 도장이 주어진다. 이 도장은 아파트의 옥새다. 회장이 도장 안 찍으면 아무것도 진행할 수 없다. 심지어 관리사무소 직원, 경비원, 미화원 월급도 안 나간다. 반대로 도장만 찍으면 뭐가 되었든 집행할 수 있다.

심지어 입대의에서 의결이 안 되었어도 도장만 찍으면 돈이 나간다. 아파트 돈을 관리하고 있는 은행에선 입대의 의결이 되었는지 아닌지 회의록을 보고 인출을 결정하지 않는다. 아파트 인감도장이 있는지 없는지만 보고 집행하기 때문이다. 언론에 알려지는 각종 아파트 비리사건에 회장이 연루되어 있는 것은 이 도장이 가진 힘 때문이다. 그래서 엑스맨이 회장이 되면 아파트가 골로 간다.

모든 안건은 동대표 과반수의 의결 절차를 거쳐야 하지만 '백기 올려 청기 올려 게임'처럼 거수기로 활동하는 동대표들 절반만 매수하면 그만이다. 같은 논리로 회장이 이런 막강한 권한을 가지고 있기 때문에 투명한 회장은 오히려 엑스맨들한테 끊임없이 공격을 당한다. 투명한 회장이 자리를 지키고 앉아 있으면 엑스맨이 아무리 떼거지로 덤벼도 회장을 이기지 못한다. 회장이 도장을 쥐고 있기 때문이다.

입대의 회장은 동네북이자 동네 핵인싸

나는 회장 시절 9번의 고소를 당했다. 나쁜 인간들의 잘못을 주민에게 공개하면 얼마 안 가 고소장이 날아왔다. 본인들의 황당한 요구를 들어주지 않는다는 이유로 회장해임을 들고 나오기도 했다. 그런데 이렇게 중요한 회장선거의 투표율은 통상 10%를 넘지 못한다. 제 발로 투표소에 와서 투표하는 주민이 10%도 안 되니 결국 방문투표를 진행하게 되고 주민들은 아무나 나와도 동의해준다.

내가 장담하는데 이 글을 읽고 있는 독자들 대부분은 여러분 아파트의 회장이 누구인지 모를 것이다. 구청장이 누군지, 시의원이 누군지는 몰라도 괜찮지만 아파트 입대의 회장이 누군지는 제발 알아야 한다. 내가 매달 내는 관리비를 집행하는 사람이 바로 입대의 회장이므로 내 삶과 아주 밀접한 관계가 있으니까.

투명한 회장은 입대의 안에서조차 인기가 없다. 나눠줄 떡고물이 없으니 주위의 사람들은 힘만 들 뿐이다. 원리원칙을 내세우니 머리로는 이해할지언정 가슴으로는 이해하지 못한다. 모든 것을 투명하게 공개하니 아파트는 다소 시끄러워진다. 아이러니하게도 돌아가는 상황을 덮어버리면 아파트는 조용해지고, 공개하면 공개할수록 오히려 시끄러워진다.

엑스맨이 회장이 되면 처음엔 오히려 인기가 좋다. 회장이 술도 사고 밥도 사면서 이 사람 저 사람과 친한 관계를 형성하고, 때 되면 선물 하나씩 주고, 가끔 좋은 곳에 놀러 보내주면서 좋은 게 좋은 거라는 식으로 활동하니까. 안에서 곪거나 말거나 그 주위에서 희희낙낙거리는 사람들한테는 당장 나한테 떡고물 떨어지면 그게 장땡이다.

특정인이 회장을 10년 넘게 하는 아파트들도 많다. 이런 아파트에서 회장을 교체하려하면 그 자체로 사달이 난다. 이것은 모든 회장을 비난하고자 함이 아니다. 나도 4년간 회장을 했다. 회장으로 활동하는 기간동안 마음만 먹으면 가질 수 있는 이권이 엄청나다는 것을 알았다. 회장 자격이 없는 사람이 회장이 되면 아파트가 어떻게 골로 가는지도 내 눈으로 직접 보았다. 입주민인 여러분들이 동대표가 누구인지 모르고, 입대의 회장이 누구인지도 모르면, 그들도 여러분들한테 웬만하면 관심을 가지지 않을 것이다.

입대의 임원의 '유명무실한' 역할

입대의에는 회장 외의 임원진이 있다. 회장을 보좌하는 역할의 이사직과, 입대의 운영 전반에 대한 감시의무가 있는 감사직이 있다. 감사의 역할은 관리비, 사용료, 장기수선충당금 등의 회계업무와 관리업무 전반에 대한 관리주체 업무의 감사이다. 여기에는 통장 잔고 관리와 게시업무도 포함된다. 게다가 입대의에서 의결한 안건이 관계법령 및 관리규약에 위반된다고 판단되면 재심의를 요청할 수도 있다. 감사가 요청할 경우 입대의는 지체없이 재심의를 진행해야 한다.

감사는 투명한 아파트를 만들기 위해 아주 핵심적인 임무를 가진 자리이다. 현실은 어떨 것 같은가? 관리주체의 업무를 감사할만한 지식과 능력은커녕 재무제표조차 보지 못하는 경우가 대부분이다. 입대의에서 의결한 안건이 관리규약에 위반되었는지 아닌지 모르는 경우도 대다수이다. 감사가 역할을 제대로 안 했다고 해서 구체적인 처벌 규정이 있는 것도 아니다. 한마디로 해도 그만 안 해도 그만이다.

이사의 역할은 더욱 애매하다. 규정상 이사의 역할은 회장을 보좌하고, 회장이 업무를 수행할 수 없을 때 대행한다고 되어 있다. 일단 보좌의 의미부터가 아리송하다. 어디서부터 어디까지가 보좌인가?

내가 회장일 때 이사 중 한 명이 횡령사건에 휘말려 문제가 되었다. 물론 그 횡령사건을 밝혀낸 것은 회장이었던 나였다. 그 사람은 내 연락처를 차단하고 어떤 협의도 거부했다. 명문화된 이사의 유일한 역할이 회장의 보좌인데 보좌를 받기는커녕 차단을 당한 것이다. 내 기억으로 이 사람은 임기 내내 주민에게 도움되는 일은 아무것도 한 게 없었다. 그럼에도 이사 자격으로 매달 업무추진비는 지급받았다.

할 일도 없고 의무도 없고 책임도 없는 이상한 자리가 아파트 이사이다. 그나마 총무이사는 해야 할 의무가 몇 가지라도 있다. 그밖에 이름만 붙이면 되는 발전이사, 환경이사, 기술이사, 개발이사 등 각종 이사들이 많지만 이들의 역할은 규정 어디에도 없다. 이건 그야말로 완장 나눠 차기 외에 아무것도 아닌 것이다. 규정이 애매하니 문제를 알아도 현실에서는 대안이 없다.

물론 모든 이사들이 그렇다는 의미는 아니다. 나는 2기 회장 시절 최고의 총무이사를 만났고 함께 뜻을 모아 큰 일들을 처리했었다. 여전히 그 총무이사와의 만남을 감사히 여기고 마음속으로 그를 존경하고 있다.

동대표의 만만한 역할

반복해서 설명했듯이, 각 동에서 선출되는 동대표들이 모인 단체가 입대의이다. 다시 말해 동대표는 입대의의 구성원이다. 동대표가 되어야 회장이나 감사나 이사가 될 수 있기 때문에 동대표는 아파트 의사결정을 위한 필수 자격이라고 생각하면 된다.

동대표가 되면 회의에 참석하여 의결할 수 있는 의결권을 가진다. 통상 아파트 한 동당 한 명의 동대표가 있다고 보면 된다. 초고층 아파트나 주상복합 아파트처럼 세대수가 많거나 동별 구분이 어려운 경우 라인이나 층별로 구분하기도 하며, 세대수가 적은 동들이 모여있는 아파트의 경우 경우 몇 개의 동을 묶어 한 개의 선거구로 정할 수도 있다.

동대표들이 결정하는 일은 표면적으로는 규약에 나와 있는 의결사항에 한정된다. 그러나 실질적으로는 주민의 편리와 관련된 거의 모든 일을 의결하여 결정할 수 있다. '거의' 모든 일이라 표현한 것은 의결로 결정할 수 없는 일들도 있기 때문이다. 물론 이때에도 규정과 반대되는 의결은 원칙적으로 불가하다.

큰 일들도 있고 작은 일들도 있다. 예를 들면 이런 것들이다. 경비원과 미화원을 늘려 보안과 청소를 강화할 것인지, 반대로 줄여 관리비를 절감할 것인지를 결정한다. 쓰레기 분리수거를 매일 할 것인지, 정해진 요일에만 할 것인지를 결정한다. 커뮤니티 센터 시설 이용료를 매월 얼마로 할지 결정한다. 심지어 겨울에 크리스마트 트리를 설치할 것인지 말 것인지도 결정한다. 의지만 있다면 주민 편의와 관련된 거의 모든 사항들을 의결할 수 있고 주민들은 그 결정에 따라야 한다.

따라서 동대표들이 어떤 결정을 내리는냐는 주민의 삶과 직결된다.

의욕있고 적극적인 동대표들이 모이면 당연히 살기 좋은 아파트를 만들기 위해 노력한다. 동대표들이 힘을 모아 관리비 절감에 앞장서면 놀라울 정도로 관리비를 절감할 수도 있다.

어떤 사람이 동대표가 되는지 알아보자. 동대표 공고가 붙었을 때 '내가 한번 해볼까?'라는 생각 정도는 누구나 해봤을 수 있다. 그러나 곧 다시 생각한다. '나는 이런 쪽에 대해 아는 것도 없는데 내가 어떻게 해….' 나 역시 주위 주민들에게 동대표 권유를 하면 십중팔구는 "시간이 없거나 아는 게 없어서 도움이 못 될 것"이라는 답을 들었다. 이런 쪽에 관심이 없던 사람들 생각엔 당연히 동대표는 공동주택관리법을 어느 정도 알고 있고 관리규약도 한두 번 정도는 읽어서 내용을 이해하고 있을 것이라 생각할 수 있다. 경험상 절대 그렇지 않다.

아주 특수한 경우를 제외하곤 대부분의 동대표들은 관리규약을 거의 모른다. 동대표 임기 내내 관리규약 한번도 안 읽고 끝내는 사람도 많다. 사실은 관리규약을 가장 잘 아는 관리소장이 바로 옆에 있다(걸어다니는 관리규약 아닌가?). 웬만한 규정은 관리소장에게 물어보면 답을 얻을 수 있다. '나도 동대표 한번 해볼까?'라는 생각을 가졌던 적이 있다면 고민하지 말고 일단 한 번 해보길 추천한다. 동대표가 되는 데는 정말 어떤 지식도 필요 없다. 정상인의 상식을 가지고 있다면 아무나 할 수 있고, 보통 사람의 이해력이 있다면 그 역할을 훌륭히 소화해낼 수 있기 때문이다.

입대의 의결사항 알아두기

입주자대표회의는 공동주택관리법령 및 관리규약에서 정한 의결의 범위 안에서 의결을 해야 한다. 절차와 방법도 규정에 정해진 대로 준수하여야 한다. 준칙에는 '만약 그 권한을 이탈하거나 절차상 중대하고 명백한 하자가 있는 의결은 무효가 된다'라고 기재되어 있다. 중요한 내용이니 공동주택관리법 시행령을 가급적 그대로 인용한다.

[공동주택관리법 시행령에 기재된 의결 범위]

1. 관리규약 개정안의 제안
2. 관리규약에서 위임한 사항과 그 시행에 필요한 규정의 제정,개정 및 폐지
3. 공동주택 관리방법의 제안
4. 관리비 등의 집행을 위한 사업계획 및 예산의 승인

5. 공용시설물 이용료 부과기준의 설정

6. 관리비 등의 회계감사 요구 및 회계감사보고서의 승인

7. 관리비 등의 결산의 승인

8. 단지 안의 전기, 도로, 상하수도, 주차장, 가스설비, 냉난방설비 및 승강기 등의 유지 운영 기준

9. 자치관리를 하는 경우 자치관리기구 직원의 임면에 관한 사항

10. 장기수선계획에 따른 공동주택 공용부분의 보수, 교체 및 개량

11. 공동주택 공용부분의 행위허가 또는 신고 행위의 제안

12. 공동주택 공용부분의 담보책임 종료 확인

13. 주민공동시설(어린이집 제외) 위탁 운영의 제안

13의2. 인근 공동주택단지 입주자등의 주민공동시설 이용에 대한 허용 제안

14. 장기수선계획 및 안전관리계획의 수립 또는 조정

15. 입주자 등 상호간에 이해가 상반되는 사항의 조정

16. 공동체 생활의 활성화 및 질서유지에 관한 사항

17. 그 밖에 공동주택의 관리와 관련하여 관리규약으로 정하는 사항

상기 17호의 그밖에 관리규약으로 정하는 사항은 또 다음과 같다. (다음은 인천시 표준 관리규약 준칙을 인용 정리한 것임. 지역별로 약간 상이할 수 있으니 독자들은 해당 아파트의 관리규약을 참고하기 바람.)

1. 관리비예치금의 증액에 관한 사항

2. 관리주체에서 업무와 관련하여 제안한 사항

3. 동별대표자의 해임 및 임원의 해임 요구

4. 관리비등 집행을 위한 개별 사업계획(공사,용역,물품구입,매각 등)에 관한 사항

5. 안전사고 및 도난사고 등 각종 범죄 예방을 위한 CCTV 운영에 관한 사항

6. 입주자등의 자율방범 지원에 관한 사항

7. 공동주택관리에 공로가 있는 자의 표창 및 포상

8. 단지내 커뮤니티(공동체) 활성화에 관한 사항

9. 관리비경감을 위한 잡수입사용에 관한 사항

10. 시의 공동주택관리규약 준칙과 다르게 정한 관리규약의 해석

11. 층간소음 및 간접흡연에 관한 사항

12. 단지내 주차장 임대와 관련한 사항

13. 기타 관계법령 및 이 규약에서 입주자대표회의 의결을 받도록 한 사항

포괄적이고 다소 모호한 관리법과 시행령

원칙대로라면 몇 조 몇 항에 있는 등의 내용까지 기재하여야 하지만 내용을 이해하기 쉽도록 편의상 생략하였다. 쉽게 고쳐썼음에도 무슨 내용인지 잘 모르겠다는 독자가 많을 것이다. 여기서 혼돈스러운 일들이 생긴다. 분명 공동주택관리법

령 및 관리규약에서 정한 의결의 범위 안에서 의결을 해야 한다고 규정되어 있으니 위에 명기된 조항에 대해서만 의결할 권한이 있다고 주장할 수 있다.

예를 들어 층간소음은 준칙에 입대의 의결사항이라고 되어 있다. 그렇다면 층간소음(윗집 아랫집의 소음)이 아닌 옆집에서 나는 벽면간 소음이나 앞동이나 뒷동에서 나는 동간 소음은 의결사항이 아닌 것인가? 그래서 법에 기재된 내용에 한해서만 의결한다고 보는 것보다는 '최소한 기재된 내용들에 대해선 무조건 의결을 해야 한다'로 이해하는 것이 맞다.

대부분의 의결 내용은 포괄적인 항목들이 이용된다. 공동체 생활의 활성화 및 질서유지에 관한 사항이라는 항목이 있다. 이게 뭘 의미하는지 나는 정말 이해하지 못하겠다. 아무 안건에 대해서 의결한 후에 공동체 생활의 활성화 목적이었다고 주장하면 다 되는 것 아닌가?

또한 준칙에 관리주체에서 업무와 관련하여 제안한 사항이라는 항목이 있다. 대부분 아파트의 회의안건 상정은 주민들의 의견을 받아 관리주체에서 제안한다. 업무와 관련하지 않은 제안을 할 리가 없다. 따라서 이 항목에 해당하지 않는 안건을 찾는 게 오히려 어렵다.

실수하기 쉬운 의결사항들

많이 실수하는 몇 가지 사항을 짚어본다. 관리비등 결산의 승인은 의결사항이다. 통상 관리비는 매월 1회씩 발생한다. 이 관리비를 승인하기 위해선 입대의가 의결하도록 되어 있는 것이다. 그런데 입대의 회의는 매 분기 한 번씩 의무적으로 정기회의를 하게 되어 있고, 그외에는 알아서 임시회의를 진행하게 되어 있다.

여기서부터 앞뒤가 맞지 않는다. 매월 회의를 진행하지 않으면 관리비 승인 의결을 못 하는데 매월 회의를 하라는 규정이 없다. 매월 회의를 못해서 의결을 안 하고 관리비 결산을 한 경우 규정을 위반한 것이 된다. 하물며 최소 의결 정족수가 선출되지 못한 경우나 선출된 후라도 개인사정에 의해 회의에 참석하지 못해 회의가 정상적으로 성립되지 않은 경우는 의결을 할 수 없다. 의결을 하라고 되어 있는데 의결을 할 수 없는 일이 비일비재한 것이다. 그럼에도 가급적 매월 1회 회의를 진행하여 그달의 관리비 정산을 마치는 것이 최선이라고 본다.

장기수선계획도 의결 사항이다. 그러나 신규 입주 아파트의 경우 시공사와의 하자보수 기간이 상당할 뿐더러 특별히 수선할 것이 없는 경우가 많다. 의외로 관리소장이 체크하지 않아 장기수선계획의 의결 없이 넘어가는 일도 많다. 누군가 짚어내지 않으면 문제가 되지 않겠지만 누락한 것은 부정할 수 없다. 나중에 구청의 과태료 부과 빌미가 되기도 한다.

필자가 겪은 사례를 들어본다. 주민들에 의해 해임되었던 어떤 동대표가 있었다. 수년이 지난 후에 새로 구성된 선관위가 과거의 해임 사실을 무효로 하는 의결회의록을 붙였다. 주민이 과거에 해임한 사실을 선관위가 무효로 돌린 것이다. 물론 입대의나 선관위 규정 어디에도 그런 권한은 없다. 이런 게 정말 코미디다. 해임된 대통령이 있는데 몇 년 지나 느닷없이 중앙선관위원회에서 무효라고 발표한 꼴이다. 한마디로 권한이 있든 말든 하고 싶은 대로 그들 맘대로 해버리는 것이다. 무식한 덴 약도 없다.

회의록이라는 이름의 아파트왕조실록

입대의가 모여서 회의를 했으면 문서로 회의록을 남겨야 한다. 말로 한 것은 아무 소용도 없고 효력도 없다. 아무나 방청할 수 있도록 문을 열어놓고 투명하게 하면 얼마나 좋겠느냐만 밀실회의 형태로 진행되는 경우도 많다. 그 회의실 안에서 누가 무슨 얘기를 했는지 입주민들은 회의록이 아니고선 알

방법이 없다. 최근에는 방송을 통해 주민들이 회의를 시청할 수 있게 하는 아파트도 늘어나고 있는데 매우 고무적이라 생각한다.

일 잘하는 입대의가 없는 것은 아니지만 수준이 떨어지는 입대의도 상당히 많다. 회의록을 기재할 때는 두 번 세 번 살펴보고 오류가 없는지 확인해야 한다. 결국 나중에 문제가 되는 요소는 회의록에서 다 나온다. 여러분들이 만약 아파트에 관심을 가지게 되었다면 우선적으로 할 일은 세 가지이다.

하나. 입대의 회의에 참석해서 구경하기
둘. 관리사무소에 찾아가보기
셋. 지난 회의록 열람하기

입대의 회의에 참석했는데 뭔가 이상하게 돌아가고 있다고 느낀다면 관리사무소에 방문해서 회의록을 보여달라고 해보자. 관리사무소에서 "왜 보려고 하냐?"고 물으며 안 보여주려고 한다면 좀 더 이상한 상황임을 확신할 수 있다. 열람은 즉시, 복사는 일정기간 이내에 해주어야 하는 것이 규정이다.

회의록에는 모든 기록이 남아 있어야 한다. 안건이 무엇이고, 의결결과의 전후 사정이 어떠하며, 찬성이 몇 표 반대가 몇

표로 의결 또는 부결되었는지 남겨야 한다. 또한 의결 가능한 내용에 한해 기재되어 있어야 한다. 특히 공고된 회의 안건과 실제 논의된 안건이 같아야 한다. 수도관 공사 안건을 붙여놓고 가스관 공사를 논의하면 안 된다. 물론 회의를 하다보면 안건에 없던 내용에 대해서도 논의할 수 있다. 통상 '기타안건'으로 표기한 후 이런 소소한 부분에 대한 논의를 한다. 이 과정에서 생각지 못했던 문제가 발생할 수 있다.

기타안건에 대한 중요한 판례를 한 가지 소개한다. 기타안건에 대한 논의는 일단 위험하다. 회의 공고시엔 안건을 기재하지 않고, 기타안건이라고만 표시한 후 막상 중요한 내용을 의결하는 행위가 옳지 않기 때문이다. 어찌보면 날치기와 다를 바 없다.

법원은 기타안건으로 의결한 경우 "전원이 참석해서 전원이 동의하지 않으면 무효"라는 판단을 내렸다. 물론 판례는 정황에 따라 얼마든지 결과가 바뀔 수 있다. 이 판례의 핵심은 '기타안건으로 두루뭉실하게 적어놓고 중요한 사항을 의결하면 안 된다'는 기준을 세웠다는 점이다. 따라서 웬만하면 사전에 논의안건을 정확하게 공지하고 공지된 주제에 대해서만 의결해야 한다. 기타안건의 냄새는 구리다. 그리고 위험하다.

입대의 운영비라는 뜨거운 감자

입주자대표회의 운영비는 시끄러운 아파트에서 단골메뉴로 등장하는 말도 많고 탈도 많은 항목이다. 입대의 운영비는 크게 회의운영비, 출석수당, 업무추진비로 구분된다. (이 외에도 몇 가지 지출가능 항목이 더 있지만 이것만 알아도 충분하다.)

회의운영비란 회의시 다과를 준비하거나 회의 종료 후 간단한 식사를 하는 용도의 비용이다. 출석수당은 회의 진행시 참석한 동대표들에게 지급되는 비용이다. 업무추진비는 회장, 감사, 임원들의 업무추진을 위해 지급되는 비용이다.

언뜻 보면 별 것 없는 내용인데 왜 운영비가 자주 이슈가 될까? 일단 주민들 사이에서 이슈를 만들어내기가 쉽다.

"동대표들 하는 일도 없는데 매달 돈이나 받아가고 말이야…."

그렇다. 매월 받아가는 게 이슈의 원인이다. 매월 받아가므로 관리비에도 매월 찍혀서 나온다. 많아봐야 매월 몇천원 수준의 소액이지만 내 지갑에서 매번 빼가니 여간 눈에 거슬리는 것이 아니다. 운영비와 관련하여 많이 실수하는 부분에 대해서 알아본다.

다과비로 떡볶이 순대를 사먹은 입대의의 운명

몇 년 전의 준칙에는 회의운영비를 회의시 사용하는 다과라고 한정하여 기재되어 있었다. 말 그대로 다(茶)는 차를 의미하고 과(菓)는 과일을 의미하므로 차나 과일이 된다. 원칙적으로 차나 과일이 아닌 떡볶이나 순대를 사먹으면 규정위반이 되는 것이다. 실제로 필자에게 구청 담당자는 회의운영비와 관련한 문의에 대해 '회의장 내에서 사용하는 비용'이라는 해석을 내려주었다.

"회의 끝난 후에 중국집에 가서 짜장면을 먹으면 규정위반이고, 짜장면을 회의실에서 시켜먹으면 위반이 아니라는 것인가?" 그렇다는 대답을 받았다. 농담이 아니다. 상식적으로 회의장을 벗어나서 사용하는 비용은 회의운영비로 보기 어렵다는 해석이었다. 그렇다면 치킨 족발 피자까지 회의실에서 시켜먹으면 된다는 해석인데 이런 판단이 상식인지는 아직도 잘 모르겠다. 정말 어렵고도 오묘한 게 공동주택관리법이다. 만약 여러분들이 현재 동대표인데 아파트의 관리규약에 식대 규정이 없는 상태에서 식대를 쓰고 있다면 여러분들도 같은 위험에 노출되어 있는 것이다.

규정이 모호해도 원리원칙대로 노력하라

필자 역시 운영비 때문에 여러 번 경찰서에 방문했다. 필자를 탐탁치 않게 생각했던 사람들은 필자가 회장했을 당시의 운영비를 탈탈 털었고 두 가지 사안에 대해 관계기관에 민원을 넣었다. 관리규약에 식대 지출 규정이 없는 상태에서 식대 지출을 했다는 것과, 회장이 업무추진비를 매달 받아가지 않고 한 번에 몰아서 받아갔다는 점 두 가지였다. 그런데 민원을 넣은 당사자도 식대 규정이 없는 상태에서 식대를 썼던 과거의 동대표들이었다. 본인들이 동대표일 때에도 식대로 비용을 사용했음에도 내가 회장일 때 쓴 식대에 대해서만 민원을 넣은 것이었다.

구청은 원리원칙대로 해석을 했다. 식대규정이 없는 상태에서 식대를 사용한 것은 위반이니 환수하라는 것이었다. 일리가 있다고 생각했다. 그럼 내가 회장이 되기 전에 사용되었던 식대에 대해서도 환수지시를 할 것이냐고 질의했다. 구청은 직전 입대의에 대해서 정도만 관여를 한다는 답변(과거 일은 자신들이 알 바가 아니라는 말)을 돌려주었다. 회장 업무추진비도 직무대행을 하는 기간 중 정식 회장으로 당선되면 나중에 한 번에 받겠다고 선언했던 것에 불과했다. 나중에 정식 회장으로 당선되고 그간의 업무추진비를 나름 떳떳하게 받았다. 미리 당겨서 받은 게 아니라 나중에 한꺼번에 받았다.

민원인들이 구청직원을 많이도 괴롭혔던지 구청은 내 얘기를 들어줄 생각이 없었다. 구청은 쿨하게 환수지시를 내렸다. 기가 막힐 노릇이었다. 나는 환수지시에 불응했고 경찰에서 조사받는 방법을 선택했다. 그리고 경찰서에 출두하여 횡령여부에 대해 수사를 받았다. 결국 혐의없음 내사종결을 받으며 사건이 종결되었다. '이게 왜 횡령이냐?'라는 담당 수사관의 황당한 표정을 아직도 잊지 못한다.

일하지 않은 입대의에게 출석수당은 없다

출석수당에 대해서도 헷갈리는 일이 한두 가지가 아니다. 정상적으로 회의가 소집되어 회의가 진행되었다면 통상적인 출석수당 5만원이 지급되는 것이 타당하다. 그러나 회의 소집 후 구성원들끼리 논쟁을 벌이다가 진행 중 결렬되었다면 어떻게 되는 것인가?

회의 최소 정족수가 구성되지 않아 안건의결 없이 논의만 하고 끝날 수도 있다. 이런 경우 "출석수당은 말 그대로 출석에 따른 수당이므로 정족수가 구성이 되었든 안 되었든 출석을 한 동대표들에게는 지급되는 것이 옳다"라는 논리와 여기서 의미하는 출석은 회의 진행을 위한 출석이므로 "회의가 성립되지 않았다면 지급할 수 없다"라는 논리가 부딪치게 된다.

회의 한 번에 충분히 진행할 수 있는 안건에 대해 늘여서 두 번, 세 번에 걸쳐 진행하는 경우도 있다. 예를 들어 10가지 의결해야 할 사항이 있다면 5가지씩 나눠서 두 번의 회의를 하며 출석수당도 두 번을 받아가는 것이다. 얄밉지만 관리규약에 명확하게 월 1회만 진행하라고 규정되어 있지 않다면 이 자체를 규정위반이라고 볼 수는 없지 않은가? 누군가에게는 5만원을 정말 쉽게 벌 수 있는 방법이 된다. 실제로 출석수당을 용돈벌이로 생각하는 동대표가 상당히 많은 이유이기도 하다. 출석수당도 주민들 관리비에서 나오는 것이므로 이런 돈을 용돈으로 생각하는 것은 참으로 부끄러운 일이지만 아쉽게도 현실에서는 그렇지 않다.

이런 경우 출석수당이 지급되는 것이 맞을까? 지급되지 않는 것이 맞을까? 관계기관 유권해석을 받아보면 통상 관리규약에 따라 아파트에서 알아서 하라는 답변이 돌아온다. 그래서 알아서 하라는대로 알아서 하면(출석수당을 지급하면) 상당한 확률로 꼭 문제가 된다. 반대파(?)에게 꼭 꼬투리를 잡힌다. 필자는 가급적 정상적인 회의가 진행되고 회의록이 공고된 회의에 한해서만 출석수당을 지급하길 권유한다. 또한 출석수당은 월 1회(최대 2회)와 같이 명문화해서 관리규약에 한정해놓고 지급하는 것이 타당하다고 본다. 소탐대실할 필요가 없다.

입대의 업무추진비는 보너스가 아니다

업무추진비는 시끄러운 아파트의 단골 메뉴이다. 입대의 임원들이 하는 일이 뭐가 있다고 업무추진비를 받아갔느냐는 공격은 기본이다. (실제로 임원들이 특별히 하는 일이 없는 경우가 많다.) 업무추진비를 어디에 썼는지 적어서 내라는 요구도 있고 이중수령으로 논란이 되기도 한다. 앞에서 이미 말했듯이 업무추진비는 통상 임원으로서 주로 업무추진에 필요한 교통비와 통신비를 의미한다. 따라서 업무추진비를 수령한 임원이 교통비를 별도로 수령했다면 이중수령이 된다. 적은 돈이지만 원칙적으로 횡령에 해당할 수 있다. 사실 아파트 임원 활동을 하면서 교통비와 통신비가 얼마나 발생하겠는가? 기껏해야 가끔 관공서에 가는 정도가 대부분일 것이다.

금액의 과도함도 문제가 된다. 예를 들어본다. 회장의 업무추진비가 얼마면 적당하다고 생각되는가? 10만원? 20만원? 50만원? 100만원? 200만원? 감사 업무추진비는 얼마가 적당하고, 이사는 얼마를 줘야 적당한가? 정답을 내릴 수가 없다. 아파트마다 상황이 다르기 때문이다. 간혹 회장이 거의 직업 수준으로 시간을 투자하여, 많은 시간을 일해야 하는 아파트도 있다. 재건축 아파트가 대표적일 것이다. 이런 경우는 몇백만원 수준의 업무추진비가 지급될 수도 있다. 보통의 평범한 아파트에서 100만원 이상의 업무추진비가 지급된다면 다분히 비상식적으로 보일 수밖에 없다.

필자가 다년간 회장을 한 경험에 의하면 적정한 업무추진비는 회장 20~30만원, 나머지 임원 10만원 정도라고 생각한다. 너무 적다고 생각할 수도 있겠지만 돈 벌기 위한 목적이라면 그 시간에 아파트 입대의가 아닌 다른 일을 하라. 사실 저 정도 금액의 업무추진비도 업무추진만을 하기 위해선 너무 과한 금액이다.

가끔 영리하고 쿨한(?) 엑스맨들은 이런 점을 역이용하기도 한다. 업무추진비와 출석수당을 자진 반납하는 것이다. 소액은 포기하여 자신을 깨끗하고 투명한 사람으로 인지시키고 차후 큰 건을 노리는 작전을 펼치는 것이다. 물론 순수하고 좋은 의도로 자진 반납하는 경우도 있으므로 일반화시킬 수는 없다. 웃기지만 정말 몇만원의 푼돈에 목숨 거는 사람들도 많다는 점을 기억하자. 유심히 지켜봐서 나쁠 건 없다.

임기는 언젠간 끝난다

아파트 회장이 된 것을 대기업 회장이나 국회의원쯤 되는 것으로 착각하는 사람들이 있다. 회장은 그렇다 쳐도 동대표만 되어도 벼슬이라도 얻은 것처럼 똠방각하마냥 으스대며 목에 깁스하는 사람도 있다. 이것만 알아두자. 동대표 임기는 언젠가는 끝난다. 길어야 4년이다. 그 자리에 있을 때 힘 있는 것처럼 으스대며 정해진 규정대로 일을 진행하지 않았다가 결국 그 다음 입대의에 제대로 된 사람들이 나오면(즉, 정권이 바뀌면) 전부 까발려진다.

주민들과의 소통은커녕 몇 명이 모여 밀실회의하며 술이나 먹고 작당하며 돌아다니면 결국 만천하에 다 드러나게 된다는 얘기다. 물론 차기 입대의조차 제대로 되지 않은 사람들(새로운 엑스맨들)이 차지하면 진실은 땅속에 묻힐 수도 있다. 그래서 엑스맨들은 다음 입대의에 지나치게 신경을 쓰는 것이다. 본인과 친한 사람이 배턴을 이어받아야 본인이 안전할 것 아닌가?

대통령도 똑같지 않았던가? 정권이 바뀌면 전임 대통령들이 어떻게 되었는지 우리는 잘 알고 있다. 아파트에서 벌어지는 송사 절반 정도는 현 입대의가 전 입대의를 향해 공격하는 것이다. 원칙대로, 규정대로 일을 진행하고 모든 자료를 문서로 보관하고 주민에게 공개했으면 대부분의 문제는 해결된다.

여기서 말하는 원칙과 규정은 '공동주택관리법'과 '관리규약'이다. 처음 보면 복잡하지만 동대표가 되었다면 적어도 몇 번을 읽어보아야 한다. 이런 원칙과 규정을 모르고 대충 본인이 가진 '상식'에 의해, 그것도 비밀리에 일을 진행하면 상당한 확률로 문제가 발생한다.

아브라함 링컨 대통령이 한 말이 있다. "어떤 사람의 본성을 알고 싶으면 권력을 쥐어주어라." 멀쩡한 사람인데 동대표를 시켜놨더니 개꼬장을 부리는 것을 많이 보았다. 착해보였던 사람이 고집불통이 되고, 용감해보였던 사람이 너무 쉽게 어둠과 손을 잡는 것을 보았다. 필자 역시 안타깝지만 이 부분만큼은 도저히 어떻게 할 방법이 없었다. 사람이 어떻게 변할지 그 속을 누가 알겠는가?

다시 말하지만 동대표 임기는 곧 끝난다. 백 년 만 년 할 수 없다. 대충대충 도장 들고 맘대로 했다간 그뒤에 돌이킬 수 없는 인생의 흑역사가 기다릴 것이다. 아파트 동대표는 등산 동호회 총무 같은 자리가 아니다. 연간 수십억 이상의 돈이 오가는 관리비와 공사비를 의결하는 자리이기 때문이다.

필자의 경우도 4년간의 동대표 임기가 끝나자마자 나를 매우(?) 싫어하는 사람들이 동대표가 되었다. 어떻게 되었을 것 같은가? 기다렸다는 듯이 입대의 회의록에 필자의 이름이 도배가 되어 게시판에 붙었다. 필자가 나무를 심고 돈을 해먹었다는 둥, 횡령으로 집행유예를 받았다는 둥 거의 판타지 소설 같은 내용들이었다. 현실은 바로 이렇다. 이런 싸움은 투명한 아파트를 만들기 위해 그 많은 시간을 쏟아부었던 필자 같은 사람도 피해갈 수 없는 것이다.

선관위에게 고함

선관위는 좋은 아파트를 만들기 위한 초석입니다. 사명감을 가지고 선거를 진행해주셔야 합니다. 만약 본인이 엑스맨을 동대표나 회장으로 선출하기 위한 노력을 하고 있다면 그 나물에 그 밥인 겁니다. 장난치지 마세요! 중립을 지키세요! 엑스맨을 멀리하세요! 엑스맨이라면 사퇴하세요!

아파트 선거관리위원회의 진실

당신은 선관위를 제대로 아십니까?

입주자대표회의는 아파트와 관련된 이런저런 사항들에 대해 동대표들이 모여 의사결정을 하는 단체이고, 선거관리위원회는 아파트 내의 선거에 관한 모든 것을 진행하는 단체이다. 선거관리규정을 제정하고, 동대표를 선출하거나 해임하기 위한 선거관리업무를 한다. 동대표가 선출되어 입대의가 구성되면 회장, 감사를 선출하고 해임하기 위한 업무도 진행한다. 간단한 임무에 당연한 업무다. 그러나 매사에 간단하고 당연한 원리로 선거관리위원회가 운영된다면 내가 이 글을 쓸 필요도 없을 것이다.

실제로 투명한 아파트를 만들기 위해서는 입대의보다 선관위가 더 중요하다고 말해도 과언이 아니다. 오래도록 비리에 쩌들어 있는 아파트는 선관위와 입대의가 한몸이 되어 있는 경우가 많기 때문이다. 선관위와 입대의가 한통속이 되면 어떤 일이 벌어지겠는가?

선관위의 중요성은 나라나 아파트나 마찬가지

이해를 돕기 위해 우리나라 선거 중 가장 큰 선거인 대통령 선거를 예로 들어보자. 대선은 중앙선거관리위원회가 선거를 진행하며, 선관위는 중립적이고 공정하게 일을 한다. 선거결과에 영향을 주는 어떤 행동도 용납되지 않는다. 만약 지역별로 차별한다면 어떻게 될까? 전라도든 경상도든 충청도든 아무데나 한 곳의 도민들을 투표에 참여하지 못하게 했다고 가정해보라. 상식적으로 가능한 일이 될까?

사전에 어떤 정치적 성향을 가지고 있는지를 대충 파악한 후 특정 후보자에 호감이 있는 사람만 투표소에서 투표할 수 있다고 입장을 허가한다면, 이것은 이해가 가는가? 중앙선거관리위원장이 방송에 나와 특정 정당을 비방하고 특정 정당을 옹호하며 지지를 호소한다면, 이것 역시 이해가 가는가? 아예 한술 더 떠서 특정 정당은 후보 등록을 처음부터 못하게 막는다면, 말이 되겠는가? 나중에 열어봤더니 투표한 인원보다 투표용지가 많다면, 그 선거에 믿음이 가겠는가? 만약 이런 일이 이해가 되고 가능하다면 정상적인 나라가 아닐 것이다.

그러나 아파트에서는 얼마든지 가능하다. 게다가 마음만 먹으면 쉽기까지 하다. 믿기 어렵겠지만 실제로 아파트에서 일어나는 일들이다. 아파트 선거는 특정 장소에 투표소를 설치한 후 자발적인 참여로 투표를 진행하는 것이 원칙이다. 그러나 거의 모든 아파트에서 이런 방법으로는 정족수를 채울 수가 없다. 입주민들은 특성상 이런 일에 단 10분의 시간도 투자하기 싫어한다. 동대표 선출을 안 하면 아파트 운영은 아무것도 할 수 없으므로 억지로라도 선출은 해야 하니 결국 방문투표가 진행된다. (자세한 투표 절차는 모든 아파트의 관리규약에 적혀 있으므로 생략한다.)

여기서 가히 슈퍼 코미디급의 일들이 일어난다. 어떤 동의 후보자가 마음에 들지 않으면, 그 동에는 선관위가 대충 방문해서 최저 득표수 미달로 부결시켜버린다. 문제가 되면, 방문했는데 사람이 없어서 못 받았다고 둘러댄다. 나중에 확인해보면 방문하지 않은 경우가 대다수이다. 결국 그 동은 동대표 없는 동이 된다.

어떤 세대의 입주민이 마음에 들지 않으면(마음에 안 드는 후보자 찍을 것 같으면), 그 집에는 투표받으러 아예 안 간다. 반대로 뽑고 싶은 동대표를 위해선 부모가 부재중인 상태에서 초등학생한테까지도 도장을 받아온다. 나중에 그 초등학생의 부모가 항의해보지만 들은 척도 안 한다.

선거관리위원회 관리는 누가 하나?

어떤 아파트는 선관위가 앞장서서 특정 후보를 비방하고 특정 후보의 유세를 하고 다닌다. 이미 특정 후보 유세를 하고 다니는 것 자체가 중립의무 규정 위반인데 오히려 자기는 아파트를 위해 선관위에 나왔다고 주장한다. 허위사실 유포는 기본이다. 심지어 선관위의 권위를 침해하지 말라는 엉뚱한 주장을 내세우기도 한다. 마음에 안 드는 후보자를 아예 후보 등록 과정에서 배제시킨다. 사유는 가져다붙이기 나름이다. 선관위 권위에 도전했다라든가, 선거에 의무적이지 않은 후보자 등록명부에 서명을 안 했다든가. 투표한 인원보다 투표용지가 많은데 정작 선관위는 부정한 방법을 사용하지 않았다고 한다. 귀신이 투표했거나 투표용지가 투표함에서 번식을 한 것 같다.

너무 오버하는 게 아니냐고 할 수도 있겠다. 그러나 전부 필자가 실제로 겪고 눈으로 직접 본 사례이다. 필자가 살던 아파트는 객관적으로 정말 피곤하고 괴상한 아파트에 들어갈 정도였다. 실제 선관위가 이런 부정선거를 했고 구청에서는 500만원이라는 적지 않은 과태료를 부과했다.

공동주택관리법의 과태료 규정이 선관위를 염두에 두고 만든 것이 아니기 때문에 선관위에 과태료를 부과한 사례는 거의 없다. 하지만 이런 부정선거의 증거가 명백한 상황에서 관리 당국에서 아무것도 안 할 수는 없으니 과태료 규정 중 자료제출명령 위반을 사유로 부과한 것이다.

선관위의 진짜 만행은 해임 방해공작일지도 모른다

동대표 선출 시에만 문제가 있을까? 선관위가 투명하지 못하면 동대표 해임은 더 복잡하다. 필자가 동대표 당선은 호떡 뒤집기보다 쉽지만 끌어내리기는 정말 어렵다고 하는 이유가 이것이다. 동대표를 해임시키기 위해선 선관위가 주민 동의를 받아내야 하는데 아예 선관위 회의소집 자체를 안 하거나 해임사유에 대해 자체적인 판단까지 서슴지 않는 경우도 많다. 입주민들이 어떤 해임사유를 내도 선관위에서 해임사유가 안 된다고 해버리면 그만이다.

예를 들어 동대표 횡령이 적발되었다고 가정해보자. 제대로 된 선관위는 해임투표를 진행할 것이다. 그러나 엑스맨과 같이 움직이는 선관위라면 횡령에 대한 법적 판결을 받아오라고 한다. 법적 판결 받으려면 경찰서 가서 고발하고, 검찰에 송치되고 벌금이건 뭐건 어떤 처벌이 결정되기까지 1년이 금방 지나간다. 그 판단을 받는 사이에 동대표 임기 끝난다. 정말 골때리는 일이 아닐 수 없다.

이런 일이 너무 많이 발생하니 관리규약 준칙에 선관위 전원 해임 규정이 추가되었다. 선관위를 아예 통째로 해임시키는 방법이다. 주민 1/3 이상의 동의를 받아 관리사무소에 제출하면 관리소장이 전원을 해촉하는 형태이다.

이것도 현실적으로 들어가보면 말이 되지 않는다. 상식적으로 선관위와 입대의가 한통속이 된 아파트에 관리소장만 혈혈단신 정의롭게 자리를 지키고 있을 수 있을까? 관리소장을 좌지우지하는 것이 입대의이고 그 입대의를 해임시킬 권한을 선관위가 가지고 있다. 이런 먹이사슬 속에서 관리소장에게 그런 역할을 기대하는 것은 꿈과 같은 일이다. 뭔가 대단히 공정하고 공평한 듯한 규정 속에 허점이 너무 많다. 그런 아파트가 투명해지려면 기적이 필요할지도 모르겠다.

관계당국도 방치하는 불량 관리 아파트의 현실

곰팡이는 습한 환경에서 무럭무럭 퍼져나간다. 아파트는 열대기후처럼 습하다. 자치를 할 기본적인 틀이 안 만들어진 상태에서 주민들에게 알아서 하라는 것은 하지 말라는 것보다 나쁘다. 관리해야 할 책임이 있는 관계당국은 이런 문제가 생기면 주민들끼리 소송으로 알아서 해결하라고 말한다.

"우리는 과태료를 부과할 수는 있지만 해산은 못 시킵니다. 주민들끼리 알아서 잘~ 하세요."

구청의 단골 답변이다. 이래서 강력한 권한과 전문적 지식을 가진 '아파트 관리청'이 설립되어야 한다고 필자는 생각한다.

다시 선관위 얘기로 돌아오자. 선관위는 동대표를 선출하는 단체이다. 선관위가 중립성을 상실하면 그 아파트는 수렁에 빠지게 된다. 그럼 우리들은 어떻게 해야 하는가? 운에 맡긴 채 물 떠놓고 빌 수는 없지 않은가? 답은 간단하다. 내 자신이 직접 선관위에 나가면 된다. (맞다, 바로 당신이 해야 한다.)

선관위의 업무

선관위의 업무에 대해 제대로 알아본다. 기본적으로 선관위의 가장 중요한 업무는 선거이다. 입주자들의 의견을 수렴해야 할 필요성이 있는 업무라면 선거가 아니더라도 진행할 수 있다. 몇 가지 중요한 업무를 알아본다. 선관위의 모든 업무 범위에 대해선 관리규약에서 확인할 수 있으니 생략한다.

우선 선거관리규정의 제정 및 개정 업무를 한다. 선관위도 운영경비가 지급되는 아파트 내 공식적 필수적 단체이므로 정해진 규정대로 업무를 진행하여야 한다. 바로 이 규정을 제정하는 업무이다. 통상 일반적인 아파트에선 중앙선거관리위원회에서 제정한 '아파트 선거관리위원회 규정(표준예시)'을 그대로 사용한다.

그냥 사용해도 별 문제가 없을 뿐더러 전문가가 만들어놓은 내용을 바꾸는 게 오히려 더 이상하다. 그런데 공동주택관리 법령과 관리규약으로 정하지 않은 사항은 위의 표준예시를 참고하여 정할 수 있게 규정되어 있다. 상황에 맞게 효율적인 방안을 검토하여 운영하라는 의미가 담겨 있을 것이다.

엑스맨들이 파고드는 관리규약의 틈새

입대의와 결탁된 선관위는 바로 이 점을 이용한다. 본인들 입맛에 맞게 이상하게 바꿔버린다. 참고해서 정하라고 나와 있으므로 참고해서 정했다고 하면 그만이다. 게다가 공동주택관리법과 관리규약으로 정하지 않은 사항에 대해서만 보완을 하라는 것을 법령 및 관리규약과 상충되는 내용으로 바꿔버리는 경우도 있다. 일반 입주민들이 이걸 찾아내려면 공동주택관리법과 관리규약을 숙지해야 하고 선관위 규정 중 어느 부분을 어떻게 바꿨는지 대조해보아야 한다. 이걸 누가 하겠는가?

그래서 모든 것을 확인하기 어렵다면 투표방법과 선관위 운영경비 두 가지만 확인해보자. 투표방법은 무엇보다도 공정해야 한다. 방문투표 시 복수의 인원이 진행하게 되어 있음에도 선관위원 한 사람(혼자)이 방문해도 된다고 규정이 되어 있다면 공정하지 않은 것이다. 선거기간 중 봉인된 투표함을 안전한 곳에 보관하지 않고 선관위원의 집으로 가져가도 된다고 되어 있으면 공정하지 않은 것이다. 선거의 기본원칙인 '보통, 평등, 직접, 비밀', 네 가지를 생각해보면 되겠다.

보통선거라 함은 일정 연령이 넘으면 누구나 선거권을 받는다는 의미이다. 평등선거라 함은 쉽게 말해 피선거권자 한 명당 한 표의 권한이 부여된다는 의미이다. 직접선거는 피선거권자가 직접 투표해야 된다는 의미이다. 비밀선거는 피선거권자의 투표결과를 비밀로 해야 한다는 의미이다.

아파트니까 대충 선거해도 된다는 방심은 위험하다

앞에서 말한 원칙들은 아파트에서는 의미없는 내용이다. 미

성년자는 투표에 참여할 수 없음에도 그냥 진행한다. 초등학생한테 받아오는 경우도 있었다. 투표 참여자와 투표 용지의 숫자가 맞지 않는다. 누군가는 두 장 이상의 용지를 사용해 투표했다. 마침 집에 놀러온 친구가 투표해도 가능하다. 신분증 검사를 하지 않기 때문에 아무나 할 수 있다. 투표용지와 볼펜을 주며 체크하라고 한 뒤 앞에서 빤히 쳐다보고 서 있다. 찬성하는지 반대하는지 어디에 체크하는지 보는 경우도 있다.

부끄럽게도 선관위 업무를 부업으로 생각하는 사람들도 있다. 선관위 운영비는 크게 출석수당과 투개표수당으로 분류된다. 출석수당은 선관위 회의 참석에 따른 수당이고 투개표수당은 투표와 개표에 진행에 따른 수당이다. 여기에서 골때리는 일들이 벌어진다. 통상 출석수당과 투개표수당은 5만원~10만원 수준으로 지급된다. 이게 뭐라고, 여기서도 용돈벌이를 하는 것이다.

선거로 꼼수를 부릴 수도 있는 엑스맨 선관위

동대표 결원이 2명 생겼다고 예를 들어보겠다. 선관위 수당은 5만원이라고 가정한다. 동대표 추가모집을 위한 첫 번째 선관위 회의를 개최한다. 모집공고를 붙이기로 의결한다. 회의시간은 1분이고 5만원이 지급된다. (이후 지급이 몇 번 계속

되는지 세어보라.) 모집공고가 나가고 후보자를 모집한다. 그런데 후보자가 아무도 등록하지 않는다. 재모집 공고를 위한 두 번째 선관위 회의를 개최한다. 역시 회의시간은 1분이면 충분하고 5만원이 지급된다.

다시 모집공고가 나가고 후보자를 모집한다. 후보자가 없으면 무한 회의를 소집할 수 있겠지만 이쯤에서 후보자가 지원했다고 가정하자. 후보자 제출서류 검증을 위한 세 번째 선관위 회의를 개최한다. 검증결과 누락된 서류가 있어 보완요구를 하기로한다. 5만원이 지급된다.

후보자가 서류 보완해서 다시 제출한다. 투표에 관한 네 번째 선관위 회의를 개최한다. 서류에 문제가 없으니 투표를 진행하겠다는 공고를 붙이기로 한다. 5만원이 지급된다. 투표가 시작되면 선관위원 몇 명이 투표진행을 위해 배석한다. 몇 명이건 상관없다. 나온 사람 모두에게 5만원이 지급된다.

투표는 며칠간 진행된다. 진행되는 기간 동안 계속 5만원이 지급된다. 당선자를 공고하기 위한 회의를 개최한다. 당선자를 공고하기로 한다. 5만원이 지급된다. 동대표 공석이 2명이므로 처음부터 끝까지 다시 한번 더 한다. 그리고 똑같이 수당을 받는다.

이 예시가 억지스러울 수도 있겠다. 그러나 지어낸 얘기도 아니다. 관리규약과 선거관리위원회에 명확한 운영비 규정이 없다면 이렇게 한다고 한들 어떻게 막겠는가? 선관위 운영비는 주민 관리비로 충당한다. 전부 여러분들 지갑에서 나가는 비용이다. 회의를 하면 관리비용 명세서에 들어가고 회의가 없는 달은 명세서에서 빠진다. 운영경비 사용조항에 월 회의수당 한도액, 동일한 안건일 경우 1회만 지급하기 등과 같이 반드시 지급의 최대한도를 넣어야 한다.

엑스맨 선관위

원칙적으로 선관위는 중립단체이며 독립성을 가진다. 그런데 사람이 모인 곳이다보니 정말 이상한 사람은 반드시 있고, 이상한 선관위도 있다. 필자가 잘 아는 어떤 아파트의 사례를 들어본다.

현직 통장이 선관위에 지원해 선관위원이 되었다. 선관위원이 되어 부정선거를 진행하더니 원하던 목표대로 동대표를 선출하고 선거를 끝냈다. 그리곤 선관위를 사퇴하더니 갑자기 공석인 동의 동대표까지 지원한 것이다. 본인이 직접 나오기는 무안했는지 배우자를 동대표로 내세웠다. 통장에 선관위에 동대표까지 3관왕에 도전한 것이다. 소위 아파트 그랜드 슬램을 달성하고 싶었던 것 같다.

이게 가능한 일일까? 당연히 불가능하다. 우선 한 명의 입주자만 한 세대를 대표할 수 있다. 이런 규정이 없다면 아빠는 동대표 회장, 엄마는 동대표 감사, 아들 딸은 선관위원을 해서 한 가족이 모든 것을 다 해버릴 수 있지 않겠는가? 우선 선관위원이 동대표로 나오는 것부터 규정위반이다. 선관위원은 임기기간 중 동대표를 할 수 없다. 사임했어도 그 임기기간까지는 할 수 없다. 그러나 무지한 데에는 약도 없다. 그 아파트의 선관위는 놀랍게도 얼마 전까지 함께 선관위로 활동했던 이 사람의 동대표 지원 서류를 정상적으로 접수했다.

다행히 주민들이 이 사실을 알고 가만히 있지 않았다. 아파트가 뒤집어졌고 구청에 민원이 들어갔다. 결국 구청의 시정공문을 받은 후에야 자격없음으로 무효 처리되었다. 당연히 절차상 안 되는 것을 무대포로 밀어붙이니 그걸 막으려는 사람들만 피곤해지는 것이다. 실제로 대한민국 아파트에서 일어나는 일들이다. 만약 입주민이 저지하지 않았으면 아마도 그는 선관위원을 거쳐 통장에 동대표까지 잘 해먹고 있었을 것이다.

선관위원의 해임은 동대표 해임과 다르다. 동대표는 해당 동 주민의 과반수로 해임하지만 선관위원은 선관위 구성원 과반수의 동의로 해임이 가능하다. 그런데 사람은 끼리끼리 모이는 습성이 있어서 어떤 단체가 이상하다 싶으면 그 안의 구성원이 전부 이상한 경우가 많다. 혼자 옳은 말을 했다가는 한 방에 해임당할 수 있다. 아주 쉽게 왕따를 당하기 때문에 잘못된 것을 알면서도 엉겁결에 따라가는 일이 비일비재하다. 이래서 최근엔 선관위 전원 해산 제도가 새로 도입되었다. 선관위 전체를 교체하는 극약처방인 것이다.

다음 글에서는 썩어가는 아파트를 바로잡을 때 필자가 생각하는 최선의 방법을 공개한다. 정말 아파트를 바로잡고 싶은데 어디서부터 해야 할지 모르겠다면 매우 귀찮고 번거롭지만 이 방법을 추천한다. 기대하시라.

동파리 입대의나 엑스맨 선관위를 해임하는 방법

필자가 생각하는 최선의 아파트 정상화 방법을 소개한다. 우선 동대표만 문제인지, 선관위까지 문제인지, 관리주체까지 문제인지를 판단한다. 판단하는 방법은 어렵지 않다. 입대의는 유일한 의결단체이다. 정하면 따라야 한다. 그런데 이 의결이 주민 전체 이익에 반하거나 사회적 통념상 심각한 문제가 발견된 경우 관리소장과 선관위에 던져보면 된다. 만약 누가 봐도 문제인데 서로 옹호하려 들거나 각자의 의무를 회피하려 든다면 뭔가 이상한 것이다.

동대표와 선관위가 같은 엑스맨, 즉 똥파리족들이면 1번부터 진행한다. 동대표만 똥파리족이면 6번부터 진행한다. 동대표, 선관위, 관리소장까지 모두 똥파리족이면 어떤 방법도 수월하지는 않을 것이다.

1. 주민 중 누군가 선관위 해임사유를 공개하고 입주민 1/3의 해임 동의를 받는다. 상당히 귀찮고 번거로운 과정이지만 뜻이 같은 사람들과 함께하면 그나마 수월해진다. 통상 아파트 정상화를 위한 비상대책위원회 같은 이름으로 활동을 시작하곤 한다.

비대위는 법적으로 아무런 권한도 없고 의무도 없다. 아무나 만들고 싶으면 만들 수 있다. 선관위 해임사유는 상당히 포괄적이므로 나중에 해임사유를 가지고 문제를 삼을 수도 있다. 이게 문제가 되어 궁극적으로 법원까지 가게 되어도 대다수 주민의 뜻이 어떤 것인지가 중요한 판단의 기준이 되므로 크게 걱정은 하지 말자.

2. 관리사무소에 선관위 전원해임 동의서를 제출한다. 관리소장은 원칙적으로 판단 권한이 없다. 해임요구에 대한 진행 의무만 있을 뿐이다. 그러나 현실에서는 관리소장이 딴지를 걸 확률도 있다. 관리소장은 주민 편이 아니라 입대의 편인 경우가 많기 때문이다.

만약 소장이 이런 저런 이유로 동의서 수령을 거부하면 바로 구청에 민원을 넣어야 한다. 구청 직원이 정상인이라면 시정 지시를 내릴 것이다. 소장은 과태료 맞기 싫으면 좋든 싫든 진행할 수밖에 없다.

3. 관리소장은 선관위에 소명서를 요구하고 주민에게 공개한 후 과반수 이상의 동의를 받아야 한다. 관리소장이 선관위를 해임시키기 싫다면 주민 동의를 소극적으로 진행하여 시간만 질질 끌 수도 있다. 과반수 동의를 받는 데 1년이 걸릴 수도 있다. 역시 이때도 구청에 시정지시 민원을 넣어야 한다.

정상적인 소장이라면 상식수준에서 빠르게 진행할 것이다. 만약 입대의 횡포에 진저리를 치는 관리소장이라면 초스피드 일사천리로 진행할 것이다.

4. 관리소장이 전원 해임을 공포한다. 이로써 선관위 전원이

해임되었다. 해임이 억울하다고 생각하면 그들은 해임무효 소송 같은 방법으로 해결하려 할 수도 있겠지만 실제 그렇게까지 가는 경우는 거의 없다. 설령 가게 되더라도 판례상 법원은 주민의 다수 의견을 존중한다고 보는 것이 맞다. 소송은 피곤한 일인 것은 맞지만 두려운 일은 아니다.

5. 올바른 사람들이 지원하여 선관위를 다시 구성한다. 이 상황까지 되어 어렵게 선관위 전원을 해임시켰어도 역시 대다수의 주민들은 관심이 없을 것이다. 따라서 사전에 선관위 지원자에 대한 생각을 어느 정도 해두는 것이 좋겠다.

나쁜 짓을 하는 데도 머리 수가 중요하지만 옳은 일을 하는 데도 머리 수는 중요하다. 다시 말하지만 선관위가 부패하면 입대의는 못 바꾼다. 선관위가 대단한 권한이 있는 것은 아니지만 선관위가 똥파리(엑스맨)들에게 장악당하면 아무것도 못 바꾼다고 보는 게 맞다.

6. 주민 중 누군가 동대표 해임사유를 선관위에 제출하여 해임투표를 요구한다. 선관위는 해임사유를 공지하고 해당 동에 해임투표를 진행한다. 물론 이유 없이 해임시킬 수는 없다. 해임사유는 구체적이고 명확해야 한다. 해임사유가 명확하다면 일반 주민들은 해임투표에 찬성할 것이다.

동대표에서 해임된 후 드물게 소송으로 이어지기도 한다. 실제로 투명한 아파트를 만들기 위해 노력했던 사람이 왕따를 당해 해임이라는 도마에 오르는 경우도 적지 않다. 엑스맨들이 멀쩡한 사람을 해임시켜 해임무효소송이 들어간 경우 소송을 통해 결과가 뒤집어지는 경우도 있다.

7. 투표 결과에 따라 선관위에서 동대표를 해임한다. 이로써 동대표들도 해임되었다. 선관위만 정상적으로 구성되어 있다면 문제있는 동대표의 해임은 사실 아주 쉽다. 게다가 해임사유만 명확하다면 아주 쉽게 해임시킬 수 있다.

8. 올바른 사람들이 동대표에 지원하여 입대의를 다시 구성한다.

∴ 이로써 아파트는 평화를 되찾는다.

동대표 해임을 위해 직무정지가처분을 진행하는 아파트도 있고, 본안소송까지 진행하는 아파트도 있다. 구청에 요구하는 경우도 있는데 구청은 이런 일에 웬만해선 끼어들지 않는다. 십중팔구 주민들이 알아서 하라는 답변이 돌아올 것이다.

법으로 해결하는 방법이 잘못되었다고 할 수는 없지만 최선이라고 추천하지는 않는다. 법보다 더 좋은 방법은 주민의 의견에 따라 해임하는 것이다. 주민의 동의에 의해 선관위를 재구성하고 입대의를 재구성하는 방법이 다소 번거롭기는 해도 문제를 근본적으로 해결할 수 있는 방법이다. 나중에 법적 문제로 발전해도 승산이 높다. 기본적으로 아파트는 주민들의 뜻에 따라 운영되는 자치 단체이기 때문이다.

물론 해볼 것 다 했는데도 안 되거나 입대의, 선관위, 관리주체가 모두 맛이 간 상태의 아파트라면 안타깝게도 아쉽지만 (그리고 힘들지만) 법으로 해결하는 수밖에 없겠다.

해병은 아니지만, 한번 엑스맨은 영원한 엑스맨

아파트에서 활동을 시작한 후 엑스맨들을 만나게 되면 아주 높은 확률로 다음과 같은 시나리오가 진행될 것이다. 이것과 모든 게 완전히 똑같지는 않겠지만 맥락은 거의 비슷하다.

평범한 사람이 그저 봉사하겠다는 마음으로 동대표에 출마한다. 동대표가 되어 입대의에 들어가보니 이상하고 비합리적인 일들이 자행되고 있다. 그런 일들을 저지하려 나름 노력한다. 자연스럽게 기존세력과 마찰이 생기며 적대관계가 된다. 적들이 같은 편으로 끌어들이기 위해 회유한다. 거절한다. 왕따를 당한다. 그래도 굽히지 않으면 엑스맨들이 그를 제거하려는 작전에 들어간다.

이쯤 되면 그저 평범했던 사람이 전사로 업그레이드 레벨업이 된다. 각종 규정과 판례를 뒤져 잘잘못을 정확하게 가린다. 적에게 앞으로 어떤 일이 일어날지를 알려준다. 적이 급 사과한다. 앞으론 안 그러겠지라는 생각에 쿨하게 용서한다. 그리고…, 그는 시간이 지나 적들에게 결국 등에 칼을 맞고 중상을 입는다.

그런데 이거 어디서 많이 보던 시나리오이다. 바로 영화에서 흔하게 나오는 장면 아닌가? 영화의 주인공이 악당을 물리치고 마지막 딱 한방을 날리려는 순간 악당은 비굴하게 울면서 목숨만 살려달라고 빈다. 주인공은 급격히 마음이 약해지고 치명상을 입고 땅에 널부러져 있는 악당을 뒤로 한채 등을 돌려 떠난다. 그 순간 악당은 숨겨두었던 무기를 어디에선가 꺼내(신기하게도 꼭 나온다) 주인공을 등 뒤에서 덮친다. 그때까지는 잘만 피하던 주인공은 너무 허술하게 그 무기에 맞고 중상을 입는다.

결국 또 다시 최후의 난투가 진행되고 결국 주인공이 악당을 제압한다. 악당의 칼로 마침내 악당을 제거하고 주인공은 안 입어도 될 중상을 입었지만 어쨌든 아름답게 영화는 끝이 난다. 서부영화도, 조폭영화도, 배트맨이나 로봇이 나오는 공상 영화도 늘 이렇다. 관객은 이 장면에서 통쾌한 마음에 박수를 친다.

그런데 대부분의 영화가 왜 다 이런 식으로 전개되는지 이상하지 않은가? 우선 주인공은 답답하기 짝이 없게도 왜 용서하지 말아야 할 타이밍에 악당을 용서해주고 치명상을 입을까? "살려주세요."라고 비는 악당을 향해 "지랄 똥싸고 있네, 이 더러운 자식아!"라고 하면서 바로 처단하는 영화를 필자는 아직 본 적이 없다. 게다가 왜 악인은 한 번 용서해주면 늘 언제나 변함없이 비열하게 뒤에서 몰래 덮칠까? 왜 관객은 주인공이 악인을 용서하는 타이밍에 답답함을 느끼고, 최종적으로 처단하는 타이밍에 통쾌함을 느낄까?

뻔해 보이는 진부한 시나리오이지만 사실은 그냥 나온 게 아니라고 본다. 알고보면 이런 게 팩트이다. 실제로 선인과 악인 간에 벌어지는 이런 시나리오는 일상에 널려있다. 악인은 타고난다. 악인의 행동은 공통점이 있다. 평범하게 살아온 보통 사람들은 진짜 악인이 어떤 행동과 생각을 하는지 거의 본 적이 없다. 아파트 엑스맨들 같은 존재들을 가까이에서 본 적은 더욱 없다. 그러나 악인을 많이 지켜본 사람은 그들의 행동과 생각 패턴을 안다.

엑스맨들은 본인들의 잘못이 만천하에 드러나거나 극단적으로 형사처벌까지 받게 될 상황이 되면 놀라울 만큼 빠른 속도로 즉시 비굴해진다. 그 비굴함이 영화보다 더 하면 더 했지

덜하지 않는다. 이 글의 핵심은 바로 지금부터이다.

이때 평범한 보통사람들은 웬만한 강심장이 아니고선 용서해버린다. 용서라기보다는 차마 더 쎄게 나가지 못하는 것이다. 살면서 누군가한테 정말 냉정하게 대해본 적이 없기 때문이다. '에이 설마 이렇게까지 했는데 다시 또 그러겠어? 그러면 사람도 아니지.'라고 생각한다. 바로 이 부분이 치명적 오산이다. 엑스맨들은 반드시 다시 기어나와 완벽하게 같은 나쁜 짓(때로는 더 업그레이드 된 나쁜 짓)을 한다. 그리고 용서해준 당신은 결국 칼을 맞는다.

생각해보자. 사랑과 용서 같은 말 다 좋은 말이다. 내 개인에게 잘못한 사람이라면 개인적으로 얼마든지 용서해도 상관없다. 아파트 엑스맨들을 용서하는 것은 전 주민의 피해를 방치하는 것이다. 그들은 직업적 관점에서 아파트 돈을 노리고 접근하는 프로 똥파리들이다. 그들에게 아파트는 직장이고 삶의 터전이며 수익의 원천이다. 평범한 사람들도 수익의 원천인 직장이나 사업체에서 누가 갑자기 나가라고 하면 꾸벅 인사하고 쿨하게 나오겠는가?

보통사람들은 악인들의 행동과 사고방식을 이해하지 못한다. 그들은 그렇게 타고났고 그렇게 평생을 살아왔다. 보통사람들이 생각하는 나쁜 짓이 그들에게는 나쁜 짓이 아니다. 일반인들은 그들의 이런 특징을 이해하지 못하므로 계속 착각하고 결국 당하는 것이다.

필자도 참 모질지 못한 성격을 가지고 있다. 쓸데없는 배려심과 오지랖 때문에 안 해도 될 고생을 사서 했다. 그러나 십년이 넘는 아파트 활동을 통해 악인은 타고난다는 것을 뒤늦게나마 겨우 깨달았다. 용서해준 사람들은 99%의 확률로 다시 뒤에서 필자를 후려쳤다. 사람은 바뀌지 않는다. '설마 또 그럴까' 하는 생각은 늘 틀렸었다.

방에서 낮잠을 자는데 옆으로 바퀴벌레가 지나간다고 해보자. "너를 너그럽게 용서해줄 테니 다시는 내 앞에 나오지 말렴." 프로 엑스맨을 용서하는 것은 이렇게 바퀴벌레에게 말하고 아무일 없었다는 듯이 다시 자는 것과 같다. 며칠 뒤면 용서받은(?) 바퀴벌레는 친구와 가족을 이끌고 대규모의 군대가 되어 당신의 방에 다시 나타날 것이다. 바퀴벌레는 당신이 죽일 수도 있었는데 일부러 살려준 것을 모르기 때문이다. 바퀴벌레는 때려잡거나 쫓아내는 수밖에 없다.

마음에 안 드는 모든 사람들을 강경한 자세로 때려잡으라는 말이 아니다. 사랑과 용서와 배려는 좋은 덕목이다. 정말 나쁜 악인을 만나게 되면 이런 덕목은 전혀 먹히지 않는다. 필자는 악인들이 개과천선해서 선인으로 바뀌는 것을 십 년 동안 단 한번도 보지 못했다. 어떤 식으로든 악인과 타협해서는 안 된다. 엑스맨은 반드시 척결해내거나 눈앞에서 없애버려야 그 싸움이 끝나고 아파트가 평화로워진다.

냉정하게 들리겠지만 필자가 어줍잖게 용서해버려서 겪었던 고단했던 경험을, 여러분들이 그대로 경험할 필요는 없다고 생각하기에 싸늘한 결론을 권유하는 것이다. 바퀴벌레와 엑스맨은 용서하지 말라.

부녀회에게 고함

사람이 모이면 힘이 생기고 그 힘은 장에게 집중되는 법이지요. 부녀회는 그저 자생단체입니다. 뜬금없이 아줌마 수퍼파워 과시하려고 하시지 말고 동네를 위한 봉사에 노력해주시면 더이상 바랄 것이 없겠습니다. 할 게 얼마나 많습니까? 바자회를 열어서 필요한 물품 나눠쓰고, 음식도 함께 만들어서 오손도손 나눠먹고, 깨끗하게 환경정리도 하고 말이죠. 엑스맨들과는 어울리지 마세요. 갑질도 사양입니다.

아파트의
자생단체들

자생인듯 기생인듯 썸 타는 자생단체들

자생단체란 공동체 활성화를 위해 다수가 모여 만드는 단체이다. 입주자대표회의에 신고서를 제출하고 사업비를 신청하면 정해진 절차에 의해 입주자 대표회의에서 승인한 후 정식 운영된다.

아파트의 대표적인 자생단체로는 노인회와 부녀회가 있다. 통상 노인회는 대한노인회에 소속되어 주민자치센터로부터 난방비 같은 지원을 받고, 이용자들이 개별 회비를 걷어 유지한다. 입주자대표회의에서 의결하여 일부 사업비 지원을 하기도 한다.

부녀회는 공식적인 자생단체이지만 특별히 외부에서 지원을 해주는 경우보다는 내부적인 사업비와 자체적인 수익사업으로 운영하는 경우가 많다. 과거에는 알뜰시장, 야시장 등 수익사업을 부녀회에서 주도하여 진행하고 그 수익금으로 부녀회를 운영하는 사례가 많았다. 이런저런 수익사업은 아무래도 이권이 걸려 있을 수밖에 없으므로 잡음이 많아 입주자대표회의에서 모든 계약을 진행하는 것으로 바뀌었다. 그러나 아직도 일부 아파트의 경우 부녀회에서 이권에 관계되어 있는 경우도 있다.

통상 자생단체에서 문제가 되는 것이 바로 이권에 관련된 선정 비리와 사업비에 대한 지출증빙 미비이다. 아파트에서 받는 모든 사업비용에 대한 증빙은 무조건 구비해둬야 함이 당연하다. 그러나 현실에서는 소액이다보니 적당히 관리하고 적당히 넘어가는 경우가 많다. 좋을 땐 다 좋지만 사이가 나빠지면 결국 이런 사소한 증빙들이 문제가 되는 경우가 많다.

입주자대표회의에서 승인을 해야 단체 구성 및 비용 지원이 되다보니 사이가 좋지 않을 경우 이런 저런 사유를 대며 승인을 거부하는 경우도 있다. 사업비의 적정수준에 대해 다투는 경우도 있다. 입대의는 공동체 활성화와 부합하지 않는 특별한 사정이 없는 한 자생단체 활동을 지원해야 함에도 특별한 사정이 있다고 주장하면 결국 강제하기 어렵기 때문이다. 결국 이런 식의 알력싸움 끝에 법정 문제로까지 번지는 경우도 적지 않다.

존재감부터 다른 입대의와 자생단체

자생단체와 입주자대표회의의 차이점은 크게 두 가지가 있다. 자생단체는 입대의에 비해 의무와 책임이 적으며, 원칙과 규정보다는 상당 부분이 사람에 의해 좌우된다는 점이다.

투명한 사람이 부녀회장이나 노인회장이 된 경우 그저 아파트 발전을 위한 봉사모임이나 사교모임이 된다. 역시 엑스맨들이 이 자리를 꿰차게 될 경우 입대의 못지않은 무소불위의 파워를 휘두르게 된다.

이유는 간단하다. 임원의 임기가 없이 운영되기도 하는 이런 조직에서는 힘과 세력이 우선하기 때문이다. 그런 힘과 세력에 찍히면 왕따를 당한다. 단체에 안 나가면 그만 아니냐고 할 수도 있겠다. 사회생활을 하는 사람들 입장에선 자생단체에 안 나가면 그만이겠지만 주 생활의 터전이 아파트 내부인 사람들의 경우는 이야기가 다르다. 오다가다 계속 만나면서 불편한 것은 기본이다.

어르신들 입장에서 소일거리를 위해 노인정에 가야하겠는데 그 안에서 갈등이 깊어지면 아무래도 어울리기가 껄끄러워진다. 그래서 힘을 가진 세력에게 울며 겨자먹기로 끌려가는 구도가 아주 쉽게 형성된다. 규정보다는 힘과 세력이 좌우하는 동물의 왕국 같은 것이다.

입대의와 자생단체가 대결(?)한다면

웃기는 질문이지만 만약 부녀회 또는 노인회와 입대의가 싸우면 어디가 이길까? 일단은 의결 권한을 가지고 있는 입대의가 우세하다. 입대의는 2년이라는 시간 내에서만 단체 구성원의 효력이 유지된다. 반면 부녀회와 노인회는 그 안에서 다툼이 일어나지 않는 한 계속 유지된다. 끝까지 싸우면 부녀회나 노인회가 결국 이기게 된다. 이래서 입대의의 부패와 자생단체의 부패는 약간 성격이 다른 것이다.

입대의와 자생단체가 다투는 경우는 흔하게 볼 수 있다. 자생단체 입장에선 입대의가 풋내기들의 집단이고 입대의 입장에선 자생단체는 그저 입대의 산하 단체일 뿐이다. 입대의와 자생단체는 종종 '먹이와 먹이새'의 관계가 되기도 한다. 단체의 장들이 모두 정상인이면 아파트 발전을 위해 함께 봉사한다. 아름다운 그림이다.

어느 한쪽이 엑스맨이면 시끄러워진다. 한쪽을 몰아내려는 시도가 일어나게 돼 있다. 백프로(100%)다. 각자의 세력을 규합해 상대방을 와해시키기 위해 한판 붙는 것이다.

입대의와 자생단체가 함께 오염(?)됐다면

만약 양쪽 모두 엑스맨일 경우, 다시 말해 만약 엑스맨 자생단체장이 엑스맨 회장의 행동대장 역할을 수행하게 되면 그 아파트는 참으로 암울하다. 거의 손 쓸 방법이 없게 된다. 이 경우 입대의는 의결권을 휘두르고 자생단체는 주민들의 선동과 오도(誤導)를 담당한다. 자생단체 구성원이 입대의로 들어가고 입대의 구성원이 다시 자생단체로 들어간다. 서로 왔다 갔다 하면서 적당히 알아서 해먹게 되는 것이다.

게다가 대한민국에는 노인법(?)이 있다. 노인법이란 동방예의 지국에만 있는 비공식적 법으로서, 어르신과 싸우면 그 내용이 무엇이건 무조건 불리해진다는 '어르신 특혜법'이다. 몸싸움이 벌어져 경찰이 출동해도 웬만한 잘못이 있지 않고선 어르신을 어떻게 하지 못한다. 상황이 이렇다보니 엑스맨들은 아파트를 접수하기 전에 우선적으로 노인회부터 찾아가 약을 치고 친분을 쌓는다(머리 좋은 놈들). 이걸 아는 어떤 노인들은 이런 점을 잘 이용하기도 하고, 어떤 노인들은 사심어린 작은 호의에 쉽게 넘어가곤 한다.

필자는 운 좋게도 회장 임기 동안 매우 훌륭한 노인회장과 부녀회장을 만났다. 이 두 명의 자생단체장들이 투명한 아파트를 만드는 데 매우 큰 도움을 주었다. 내가 아직도 이걸 정말 운이 좋았던 것이라고 생각할 정도로 아파트에는 이상한 자생단체장들이 많다.

커뮤니티 센터가 만들어내는 코미디들

요즘의 아파트에는 웬만하면 커뮤니티 센터가 있다. 헬스장(휘트니스 센터), 요가실, 독서실, 골프연습장, 시청각실 같은 주민 복리시설이 모여 있다. 심지어는 수영장이 있는 대단지 아파트도 꽤 등장하는 추세이다. 커뮤니티 센터와 어린이집은 거의 대부분 아파트에서 뜨거운 감자이다. 거의 동일한 문제가 전국적으로 일어난다.

첫째는 운영경비의 부담 주체이다. 쉽게 말해 모든 주민이 나눠서 낼 것인가, 사용하는 사람한테 따로 걷을 것인가, 두 가지를 적당히 섞을 것인가의 문제이다. 국토교통부 유권해석은 다음과 같다.

주민운동시설은 복리시설의 하나로(주택법 제2조 제14호), 복리시설의 관리에 소요되는 비용은 관리비로 부과할 수 있을 것이며(공동주택관리법 23조 제1항), 수익자부담의 원칙에 따라 그 비용의 일부를 해당 시설을 이용하는 사람에게 사용료로 따로 부과할 수 있을 것입니다. 이와 관련, 주민운동시설의 운영경비를 관리비로만 부과할 것인지 관리비와 사용료로 부과할 것인지, 사용료만으로 부과할 것인지 등은 해당 단지에서 제반사항을 고려하여 관리규약으로 정하여 운영하시기 바랍니다.

메뉴는 아무거나, 아파트는 알아서들

설명이 길고 복잡해보이지만 결국 아파트에서 알아서 하라는 얘기다. 반대로 보면 어떻게든 알아서 해도 문제가 없다는 의미가 된다. 그런데 알아서 하면 현실에선 거의 문제가 된다. 관리비에 부과하면 당연히 이용하지 않는 세대가 불만을 토로한다. 사용자에게 전가하자니 과도한 금액이 책정되어 이용자가 줄어들고 이로 인해 운영비를 충당하지 못하는 악순환이 반복된다. 두 가지를 적절히 비벼보려 해도 마땅한 명분이 없는 것은 마찬가지이다. 정답은 없다. 그럼에도 어떻게든 정해야 한다.

필자의 사례를 들어본다. 내가 회장이었을 때 운영비용 절감을 위해 주민운동시설을 자치운영으로 결정하였다. 헬스장, 골프연습장, 사우나 등 모든 시설을 자유롭게 이용하는 것으로 해서 사용자에게 월 1만원을 받았다. 단돈 1만원짜리 프리

패스였는데 신청자만 많으면 이 금액만으로도 될 것 같았다. 실제로 이용료가 워낙 저렴하니 많은 주민들이 신청했고 박리다매 구조가 형성되어 운영비를 충당할 수 있었다.

얼마 지나지 않아 웃지 못할 일이 일어났다. 바로 옆의 아파트는 월 3만원을 받았기 때문에 옆단지에 사는 주민들이 우리 아파트로 와서 신청을 하는 것이었다. 타 아파트 주민도 똑같이 1만원을 내고 이용하니 운영비 충당에는 도움이 되기는 했다. 이번에는 이용자가 많아져 불편하다며 입주민들이 반발했다. 결국 아파트 주민에게만 이용권을 발부하는 것으로 결정했다.

그러자 또 웃지 못할 일이 일어났다. 인당 1만원으로 제한해둔 프리패스 이용권 한 장을 온가족이 돌려쓰는 것이었다. 남편이 사우나에 가고, 나와서 아내에게 넘긴 후 사우나에 가고, 자식들이 다시 받아서 가는 식이다. 자치운영이다보니 누가 지키고 서 있을 수도 없고, 설령 적발(?)했더라도 치사하게 단속을 할 수도 없고 정말 어찌 대응할 방법이 없었다.

우여곡절 끝에 지문 인식기로 출입구를 바꿔 달았다. 그러자 가족 중 한 명의 지문을 인식시켜 놓은 후 온가족이 잽싸게 뒤따라들어가는 일이 일어났다. 결국 양심에 호소하는 공고문을 붙이기에 이르렀다. 공고문 이후 무임승차(?)가 거의 없어지긴 했지만 완전히 근절되지는 않았다. 세상엔 정말 사소한 것에 집착하는 이상한(대단한) 사람들이 많다.

정답은 없지만 정도는 있다

둘째는 자치운영이냐 위탁운영이냐의 문제다. 이 역시 아파트에서 결정할 사항인데 결국 위탁을 주게 되면 관리 인원이 들어오게 되고, 이용료는 올라갈 수밖에 없다. 이 문제로 또 다시 머리 터지게 다투지만 역시 정답은 없다. 커뮤니티 센터의 최악의 폐해는 정작 이용료가 아닌 다른 곳에 있다. 바로 엑스맨들에게 최적의 활동무대가 된다는 점이다.

앞서 말했듯이 프로 엑스맨은 노인회부터 찾아간다. 초보 엑스맨은 커뮤니티 센터에 먼저 간다. 그곳에서 동호회란 동호회는 모두 가입하고 인맥을 넓혀나가며 실질적으로 자신의 하수인 역할을 할 꼬붕들을 섭외한다. 일종의 정치기반을 닦는 것이다.

운동하러 온 사람들끼리 함께 운동하며 쉽게 친해지는 것은 당연하다. 통상 비슷한 시간에 운동을 하기 때문에 오늘도 보고 내일도 본다. 서로 좋은 게 좋은 거라고 생각하며 공통의 연대가 생기게 된다. 그러다보면 정상인들의 경우 어느날 상대방이 뭔가 이상하다는 생각이 들 때가 있는데 그땐 이미 늦은 시점이라고 보면 된다. 앞으로 아예 안 볼 수도 없고 모른 척 할 수도 없고 대략 난감한 상황이 된다. 운동하러 와서 잘 모르는 사람이 입대의가 어쩌구 저쩌구 하는 경우라면 일단 주의할 필요가 있다. 커뮤니티 센터에서 만나는 모든 사람들을 엑스맨으로 의심하라는 의미는 아니니 오해 없길 바란다.

보육시설을 보호하라

어린이집은 취학전 어린이들을 보육하는 복리시설이다. 정말 말도 많고 탈도 많은 곳이 바로 어린이집이다. 어린이를 보육하는 숭고한 역할을 하는 곳이지만 실제로는 전국적으로 법적분쟁이 한두 건이 아니다. 대부분의 법적분쟁은 선정비리와 임대료로 인한 갈등이다.

어린이집은 공동주택관리법 외에 영유아보호법, 임대차 보호법까지 골고루 적용되기에 법적으로는 상당히 복잡한 공간이다. 개인이 분양받아 소유주가 따로 존재하는 상가와는 다르며, 임차인의 초기 시설투자비가 들어간다는 점에서 다른 커뮤니티 시설과도 다르다. 쉽게 말해 입대의가 어린이집으로 정해진 공간을 일정기간 동안 원장에게 세를 내주는 것이라고 보면 된다.

원장님이 아파트 어린이집을 선호하거나 회피하는 이유

아파트 내의 어린이집은 운영상 여러 장점이 있다. 우선 보증금과 임대료가 낮다. 입주할 때 권리금도 없다. 원생 모집도 쉽다. 통상 학부모들이 아이들의 안전을 이유로 단지 내 어린이집을 선호하기 때문이다.

단점도 있다. 엑스맨들이 장악한 아파트에선 선정을 미끼로 리베이트를 요구한다. 또한 입주자대표회의가 바뀔 때마다 임대료 홍역을 겪을 수 있다. 어린이집 임대료는 잡수익으로 귀속되므로 주민을 위한다는 명분하에 임대료 인상을 요구하며 리베이트 비리로 이어지는 것이다. 게다가 임대차 계약기간 종료 시 퇴거 요구를 하는 경우도 많다. 이런 경우 어린이집 입장에선 텅 빈 공간에 막대한 투자로 인테리어를 하고 들어왔는데 계약기간이 종료되었다고 나가라고 하니 난감해진다. 정들어버린 보육교사들과 아이들을 강제로 떼어놓는 것도 보통 문제가 아니다.

반대로 입대의 입장에선 계약기간이 만료되어 더 나은 조건의 업체로 교체하고 싶은데 안 나간다고 버티면 역시 난감해진다. 운영상 문제가 발생되거나 임대료 미납 등의 이유로 교체를 하려고 해도 학부모 과반수가 동의하지 않으면 교체할 수 없다는 규정 때문에 딱히 할 수 있는 게 없다. 운영상 심각한 잘못이 드러난 경우를 제외하곤 학부모들은 웬만해선 어린이집 교체를 찬성하지 않는다. 어린이집을 위해서가 아니라 아이들을 중심으로 판단하기 때문이다. 그저 아이들의 보육 환경이 바뀌는 것을 선호하지 않는 것이다.

입대의, 학부모, 어린이집의 삼각갈등 상황

임대료를 올리거나 업체를 교체하려는 입대의, 임대료를 낮추거나 버티려는 어린이집, 계약이 어찌 되었건 그저 내 아이가 상처받지 않으면 된다는 학부모, 이 세 유형의 이기적인 어른 집단이 팽팽한 갈등관계를 형성하며 다투게 되는 곳이 아파트의 보육시설이다. 그나마 어린이집에 아이들을 보내는 학부모가 입대의 동대표에 한 명이라도 들어가 있으면 문제 해결의 단초가 생긴다. 그러나 학부모들은 대부분 20대~30대이다. 이런 연령대에 동대표로 나서는 아파트는 현실적으로 거의 없다. 동대표들 대부분은 이미 어린이집을 이용할 일이 없는, 자녀가 이미 성장한 연령대층이 많기 때문에 아이들의 입장을 거의 고려하지 못하는 것이다.

이런 현실 때문에 입대의와 어린이집의 갈등이 깊어지면 결국 법정싸움으로 발전한다. 관계법령상엔 어린이집 관련된 수많은 규정이 있긴 하지만, 사실 그 규정들도 워낙 난해하고 충돌이 심해서 법정 판단을 받아봐야 누가 이길지 결정될 정도다. 워낙 분쟁이 많다보니 특별히 중요하다고 생각되는 판례를 몇 가지 들어본다.

관리규약 변경과 관행 유지의 아이러니

관리규약 준칙에는 보육료 수입의 5% 이내로 임대료를 정하라고 되어 있다. 따라서 대부분의 아파트의 관리규약에도 이 조항이 명기되어 있다. 그런데 몇 년 전까지는 이 조항이 없었다. 그러다보니 아직도 5% 이상의 임대료를 납부하고 있는 어린이집도 상당히 많다. 이런 경우 언젠가는 분쟁이 생길 수밖에 없다.

임대의 입장에선 단순 의결로 낮춰주자니 임대차 계약을 위반한 게 되어버린다. 입주민에게 피해(?)를 발생시킨 것이니 형사상 문제가 생기게 된다. 임대료를 높은 상태로 유지하자니 관리규약을 위반으로 행정기관의 과태료 부과 대상이 된다. 이러지도 저러지도 못하는 상황이 되는 것이다.

전국적으로 이와 동일한 문제가 정말 많이 발생했었다. 관리규약에 5% 임대료 규정이 없다가 갑자기 생기니 전국의 아파트 어린이집들이 임대료 인하를 요구했던 것이다. 법원은 이렇게 판결했다.

관리규약은 아파트 입주자 및 사용자를 보호하고 주거생활의 질서를 유지하기 위해 입주자 등이 정하는 자율적인 내부 규약에 불과할 뿐이고 대외적인 구속력이 있다고 할 수 없으므로 관리규약 준칙이 개정됨으로써 이 사건 관리규약의 임대료가 보육료 수입의 5% 이내로 변경됐다고 하더라도 위와 같이 변경된 관리규약을 이 사건 임대차 계약의 내용으로 편입하는 등의 절차 없이 바로 변경된 관리규약에 따라 이 사건 임대차 계약의 임대료가 보육료 수입의 5% 내로 변경된다고 할 수 없으므로 어린이집 운영자의 주장은 받아들일 수 없다.

관리규약이 개정되더라도 임대차계약기간 종료 후에 다시 그에 맞게 계약하거나, 임대차계약을 변경해야 임대료를 변경할 수 있다고 본 것이다. 따라서 임대차 계약이 종료된 후에 재계약으로 수입의 5% 이내로 계약하면 아무런 문제가 없어진다. 그러나 이게 또 쉽지가 않다. 입대의 입장에선 잡수익이 갑자기 줄어들게 되기 때문이다. 주민은 결국 손해고 어린이집만 이득을 본다고 생각할 수밖에 없다.

어차피 이럴 바엔 계약을 종료하자고 의결하게 되고, 어린이집은 졸지에 나가야 되는 상황이 되는 것이다. 그러다보니 어린이집은 그냥 예전대로 임대료를 낼 테니 재계약을 해달라고 요구한다. 암암리에 관리규약을 위반한 상태로 운영이 지속된다. 입대의가 바뀌거나 계약기간이 만료되면 이 문제는 재차 불거진다. 영원히 끝나지 않는 뫼비우스의 띠가 되는 것이다.

편법은 정답이 될 수 없다

앞에서 언급했듯이 어린이집은 어린이집 이용자인 학부모의 50% 동의가 있어야 교체할 수 있는데 여러 가지 이유로 해당 학부모들은 웬만해선 교체 동의를 해주지 않는다. 그러자 관리규약을 개정하여 아예 이 조항을 규약에서 없애버린 아파트도 등장했다. 입대의가 열받은 것이다. 하지만 법원은 이런 관리규약 개정을 무효로 판단했다.

선정 당시의 리베이트도 문제다. 어린이집을 외부에 개원하는 것보다 아파트 단지 내에 개원하는 경우의 장점이 상당히 크다고 전술했다. 따라서 경쟁이 생기는 것이 당연하고 경쟁이 생기기 때문에 부정이 생기는 것이다. 전문 브로커도 있는 것으로 알려져 있다. (있는 게 확실하지만 여기에선 그냥 이렇게 표현하겠다.) 선정 대가로 수천만원 이상의 리베이트를 관리소장과 회장에게 제공하고 적발되어 형사처벌된 사례가 많은 것도 당연하다. 게다가 이해관계가 형성되어 있기 때문에 잘 적발되지도 않는다.

이런 리베이트 자금은 어디에서 나오겠는가? 어린이집 원장이 자원봉사자가 아닌 이상 결국 국가 지원금과 학부모들 주머니에서 나오지 않겠는가? 리베이트를 주고 들어오는 원장도 교육자로서의 자격이 없지만, 달라고 한 비리의 주체도 강력한 처벌을 받아 마땅하다.

어린이집 딜레마에 빠져 있다면

어린이집에 대한 필자의 의견은 명료하다. 입대의는 입주민을 위한 의사결정을 해야 한다. 물론 임대료를 더 받는 것도 입주민을 위한 일이라고 할 수 있겠지만 어린이집을 이용하는 학부모들과 어린이들도 입주민이다. 또한 임대료를 더 받으면 아이들에게 돌아가야 할 혜택이 그만큼 줄어들 확률이 높아진다.

얼마 안 되는 임대료를 더 받겠다고 아이들을 담보로 몇 년씩 걸리는 법적 분쟁을 하는 것은 이해할 수 없다. 이것이 감정싸움이 아니라 정말 주민을 위한 행동이라고 할 수 있는 것인가? 임대료는 행정기관에서 받으라고 한 만큼만 받으면 된다. 학부모들이 교체를 원하지 않으면 그대로 유지하면 된다. 굳이 법정싸움으로 발전시켜가며 더 받아내려고 하는 행동은 전형적인 갑질이자 감정싸움이다.

아파트는 단지 수익을 전제로 운영되는 '회사'가 아니다. 이 싸움에는 어른들 사이의 갈등만 있을 뿐 정작 사용자인 우리 아이들이 제외되어 있다. 어른들 싸움에 왜 아이들이 피해를 봐야 하는가? 행정기관에서 받으라고 한 만큼만 받는다고 하며 뒤로 리베이트를 요구하는 경우도 있다. 이 경우는 말할 것도 없다. 전형적인 엑스맨들이며 돈에 눈이 돌아가 제정신이 아닌 사람들이다. 더 받고 싶은 임대료만큼 어린이들에게 좋은 음식과 좋은 교육기자재를 제공하게 만드는 것이 옳다고 본다. 이런 대안을 제시하면 어린이집 원장도 반대만 하지는 않을 것이다.

아파트 내부의 어린이집은 임대료가 아니라 오직 운영 능력만을 보고 판단해야 한다고 생각한다. 아이들에게 양질의 교육을 하는지, 책과 교육도구가 충분히 비치되어 있는지, 내 아이처럼 사랑으로 대하는지, 품질 좋은 간식을 제공하는지 등 가성비보다 질적인 부분이 더 중요하다. 물론 이것도 입대의가 판단할 일은 아니다. 학부모들이 판단하게 하면 된다.

필자의 의견에 동의하는 아파트가 많아지면 어린이집 관련 법적 분쟁은 급격히 줄어들 것이라 믿는다. 제발 어린이를 볼모로 어른들이 싸움을 하지 않았으면 좋겠다.

부대시설 복리시설도 꼼꼼하게

부대시설이란 주택에 딸린 각종 시설과 설비이고, 복리시설은 생활복리를 위한 공동시설이다. 부대시설엔 주차장, 관리사무소, 회의실, 경비실, 공중화장실, 소방시설, CCTV 등이 있다. 쉽게 말해 내 집이 아닌 공동시설 전부라고 이해하면 된다. 복리시설엔 경로당, 커뮤니티 센터, 놀이터, 운동시설, 문고, 취미실 등이 있다. 쉽게 말해 함께 어울려 뭔가를 할 수 있는 시설이라고 이해하면 된다. 입주민들 편하라고 만들어 놓은 시설이므로 잘 이용하면 된다.

대부분의 입주민들이 거의 모르고 있는 사실이 있다. 있는 시설을 없애든, 더 좋은 시설로 바꾸든, 없는 시설을 새로 만들든, 모두 정해진 규정에 따라 해야 한다는 것이다. 대표적인 규정이 바로 주민동의와 허가 및 신고 절차이다. 상당히 많은 입대의에서 의결만 하면 무엇이든 할 수 있다고 착각하는 경우가 많다. 절대 그렇지 않다. 입대의 본인들의 권한을 지나치게 과대평가한 것이다. 몇가지 예를 들어본다.

입대의 의결은 마술봉이 아니다

아무도 이용하는 어르신이 없어서 입대의에서 의결로 경로당을 부녀회로 바꿨다. 어차피 아파트 내부에 있는 시설이고 이용하는 사람이 한 명도 없어 필요한 곳에 활용하기로 결정한 것이다. 버스정류장 앞에 담장이 있어 늘 돌아다녀야 하는 불편함이 있어 담장을 일부 헐어내고 출입구를 만들었다. 이후 주민들이 편리해졌다. 외부공동휴게시설에서 청소년들이 흡연 음주를 하여 민원이 제기되어 관리사무소에서 폐쇄 후 철거했다. 주민들이 찬성하고 흡족해한다.

내용만 놓고 보면 아무 문제도 없어보인다. 주민을 위해서 잘한 일이 아닌가? 물론 아무도 이의를 제기하지 않으면 문제없을 수도 있다. 악의적이든 선의로든 공식 민원이 들어갔을 땐 얘기가 달라진다. 규정대로 진행했는지 아닌지가 중요해지는 것이다. 첫째, 법에서 정한 비율 이상의 주민동의를 받았는가? 안 받았으면 독박이다. 둘째, 법에서 정한 대로 구청에 신고 또는 허가를 받았는가? 역시 안 받았으면 독박이다. 좋은 일 하고 처벌받는다. 억울해도 할 수 없다. 선량한 입대의 구성원들이 상식적인 수준에서 일을 집행했다 의외의 낭패를 보는 수가 많은데 이런 경우이다. 게다가 이런 것들은 내용을 잘 알고 있는 엑스맨들에게 걸리면 정말 좋은 먹잇감이 된다.

무식하면 용감하다는 사례는 넘쳐난다

필자가 살던 아파트에선 입주민들을 위한 취미실을 회장이 임의대로 회장집무실로 바꾼 사례도 있었다. 회장에게 왜 집무실이 필요한지 모르겠지만 하여간 본인 생각엔 그래도 된다고 생각했나 본데 당연히 그런 일은 해서는 안 되는 것이다. 회장님이므로 드라마 같은 데서 보던 회장실이 필요하다고 판단했다면 정말 심각한 모럴헤저드가 아닐 수 없다. 결국 주민 민원에 의해 구청에서 현장검증 후 원상복귀되었다. 물론 모든 일에 주민동의가 필요한 것은 아니다. 경미한 일들은 주민동의 없이도 할 수 있는 게 많다.

어디까지 가능하고 어떤 일부터는 불가능한 것일까? 사실 이에 대한 대답은 이 책에 기재할 수도 없을 만큼 방대하며, 기재할 수 있을 만큼 명확한 것도 아니다. 그럼 어쩌라는 말인가? 약간이라도 애매하면 구청에 서면으로 물어보는 게 좋다. 문제를 삼을 수 있는 주체(관련기관)가 그냥 해도 된다고 하면 하고, 주민동의를 받으라고 하면 동의를 받으면 된다. 그게 안전하다. 과태료를 물리거나 원상복귀의 명령 권한이 있는 게 구청이니 이 방법이 가장 확실하다.

규정대로 해(먹어)야 탈이 없다

이것만은 반드시 알아두자. 뭔가를 없애거나 바꾸거나 새로 만들고 싶으면 반드시 규정대로 하라. 선의냐 악의냐는 중요하지 않다. 정해진 규정보다 위에 있는 가치가 아니다. 법정에 끌려가서 정상참작의 판단에 영향을 줄 수는 있겠지만 선의의 행동이라도 법정에 끌려가는 것을 막아주진 못한다.

좋은 아파트를 위해 봉사하러 나온 사람들일수록 특히 이 점을 조심해야 한다. 규정을 정확히 지키지 않으면 봉사행위가 범법행위가 될 수도 있다. 아래의 규정을 숙지하고 진행하길 바란다.

공동주택 관리법 제35조 제1항, 시행령 제35조 제1항[별표3], 시행규칙 제15조.

시설 변경과 관련된 내용은 많은 이들이 고초를 겪는 중요한 내용이지만 일반적으로 해당되는 내용이 아니므로 이 정도로 언급하겠다.

좋은 놈. 나쁜 놈. 똑똑한 놈. 멍청한 놈

〈좋은 놈, 나쁜 놈, 이상한 놈〉이라는 제목의 영화가 있었다. (놈놈 해서 죄송스럽지만 영화 제목을 패러디한 표현이니 양해 바란다.) 아파트 리더 중 회장은 좋은 놈, 나쁜 놈으로 구분된다. 여기에 일반 동대표는 똑똑한 놈과 멍청한 놈으로 나뉜다. 아파트 리더를 “좋은 놈, 나쁜 놈, 똑똑한 놈, 멍청한 놈”과 같이 네 가지 부류로 나누는 이 개념은 필자가 오랜 기간 아파트 활동을 하며 오만 종류의 사람들을 상대하며 터득한 결과다.

아파트에서 주민을 위해 봉사하고 노력하는 사람이 리더라면 당연히 좋은 놈이다. 개인의 영달을 위해 쓸데없는 공사를 하고 정치인이라도 되는 것처럼 뭔가 이상한 짓을 하는 사람들이 리더로 활동한다면 당연히 나쁜 놈이다. 웬만한 아파트는 좋은 놈들과 나쁜 놈들이 리더로서 두 개의 진영을 구축하고 서로를 나쁜 놈들이라고 주장하며 싸우는 형국이다. 이 두 진영에 똑똑한 놈과 멍청한 놈의 부류가 결합한다. 네 가지 경우의 수를 생각해볼 수 있겠다.

1. 좋은 놈 + 똑똑한 놈

가장 이상적인 구조이다. 리더는 좋은 놈이고 그 리더와 함께 하는 동료들은 똑똑한 놈이니 모든 일이 합리적이고 투명하다. 주민을 위해 새로운 시도를 하고 관리비는 지역내 최저 수준이며 근무자들의 만족도도 높을 수밖에 없다. 다만, 현실에서 이런 팀(?)이 구성될 확률이 별로 없다. 실제로 있다면 그 아파트는 천운을 받은 것이다.

2. 좋은 놈 + 멍청한 놈

상당한 확률로 가능한 구조이다. 좋은 리더는 방향을 제시하고 멍청한 부류들은 리더의 의견에 무조건 찬성한다. 내용을 이해하든 이해하지 못하든, 아무 상관없이 무조건 동의표를 던진다. 거수기라고도 한다. 상관없다. 리더가 좀 피곤하긴 하겠지만 주민 입장에선 별 문제될 일은 없는 구조이다. 여기 주민이라면 행복해 해도 된다.

3. 나쁜 놈 + 똑똑한 놈

성립이 불가능한 구조이다. 똑똑한 놈은 나쁜 놈을 리더로 삼지 않는다. 나쁜 놈도 똑똑한 놈이 필요 없다. 나쁜 놈은 뭔 소린지 하나도 못 알아듣는데도 무조건 찬성해주는 멍청한 놈이 필요할 뿐이다. 이렇게 만나는 경우가 많지만 결국 똑똑한 놈이 나쁜 놈을 버리고 떠나게 된다. 통상 똑똑한 놈은 나쁜 놈이 나쁜 것을 알면서도 직접 처리하지는 않는다. 나중에는 나쁜 놈 옆에 멍청한 놈만 자연스럽게 남게 된다.

4. 나쁜 놈 + 멍청한 놈

가장 흔하게 성립되는 구조이다. 나쁜 놈이 리더를 하고 멍청한 놈이 그 뒤를 받쳐준다. 문제있는 아파트들의 대부분 여기에 속한다. 멍청한 놈들은 본인들이 뭘 하는지도 모르고 역시 무조건 찬성한다. 멍청한 놈은 나쁜 놈 밑에서 충실한 거수기 역할을 하면서 자기가 총대를 메고 있다는 생각조차 하지 못한다. 알려줘도 알아듣지 못한다. 팩트체크 같은 건 꿈 같은 얘기이다. 그러니까 멍청한 놈인 것이다.

필자는 이 네 가지 구조를 왜 중요하게 생각할까? 바로 네 번째 구조인 "나쁜 회장 - 멍청한 동대표"로 구성된 아파트가 실제로 너무나 많기 때문이다. 이 구조를 이해하지 못하면 정상적인 사람만 상처를 받는다. 이미 고착화된 구조 속에 혈혈단신 혼자 들어가서 뭔가를 바꾸는 것은 거의 불가능하다. 본인이 아무리 맞는 말을 하고 팩트를 들이대도 아무도 듣지 않고 믿지 않는다.

해석 능력도 없고 이해력도 부족한 사람들이 모여 아집으로 우기는 게 다반사이기 때문에 싸움으로 번지는 일이 흔하다. 전술했듯이 나쁜 놈이 리더로 있으면 그 주위에는 멍청한 놈들밖에 없기 때문이다. 이런 구조에 속한 사람들은 정말 무식(무지)하기 때문에 잘못을 지적하는 사람들을 오히려 거지발싸개로 만든다. 여러분들이 아파트에서 어떤 잘못을 보게 되더라도 저들 중 누군가를 설득해서 문제를 해결해보려는 생각은 일단 접는 게 정신건강에 좋다. 저 구조를 몽땅 들어내지 않으면 아무것도 바뀌지 않는다.

멍청한 놈들의 멍청함은 여러분들이 학교나 사회에서 만난 사람들의 그것과는 차원이 다르다. 여러분들이 태어나서 단 한 번도 보지 못한 정도의 멍청함을 보게 되면 뭘 어떻게 해야 할지 아무 생각도 안 들 것이다. 이런 구조는 그저 막걸리 몇 잔, 우리가 남이가, 같은 고향, 지역토박이 같은 그렇고 그런 뻔한 공감대를 형성하고 유지된다. 멍청한 놈들은 충실하게 나쁜 놈이 나쁜 짓하는 데 방패 역할을 한다. 멍청한 놈은 아무리 설명해도 알아듣지 못한다. 일단 본인이 멍청한 걸 모르기 때문이고, 나쁜 리더가 나쁘다는 것을 인정하지 못하기 때문이다.

보통 사람들은 이런 구조에 들어가서 열심히 설명하고 진실을 밝히는 것부터 시작한다. 그러나 열심히 밝혀도 거의 쓸 데가 없다. 반복하지만 상대방은 못 알아듣는다. 왜냐? 멍청한 놈이니까. 들을 생각도 없이 똥고집을 철벽 무장한 사람에게 설득이란 처음부터 불가능한 시도이다. 이런 일에 에너지를 다 소모하고 스스로 나가떨어지면 누가 손해인가? 당연히 '나'만 손해다.

관리소장에게 고함

박봉에 고생 많으십니다. 그래도 주택관리사 자격증이라는 좋은 자격증 취득해서 정년 없는 직장을 가지고 계시잖습니까? 소장님이 이상한 생각을 가지고 동대표 회장과 작당을 하면 사실 일반 입주민들은 절대 알아내지 못합니다. 저는 소장님들이 좀 더 프로의식을 가지고 업무에 임하시기를 바랍니다. 아파트가 정치판이 되어도 소장님만큼은 소신을 가지고 그 자리에 계셔야지요. 입대의에 휘둘리지 마시고, 입대의를 휘두르시지도 마십시오. 오늘도 감사합니다. 갑질 없는 아파트, 함께 기원합니다.

관리주체라는
이름의
동네북

관리주체라고 쓰고 관리사무소라 읽는다

관리주체는 입주자대표회의와 함께 아파트의 양대 축이다. 특히 관리주체의 대표자인 관리소장과 입주자대표회의의 대표자인 입대의 회장은 이 양대 축의 핵심인물들이다. 이 두 명이 동의하면 웬만한 일들은 일사천리로 진행된다. 그것이 합법인지 불법인지를 따지는 것은 진행되고 난 후의 일이지 진행 자체까지는 얼마든지 가능하다.

이들은 인감 도장을 하나씩 가지고 있으며 이 두 개의 도장이 모이면 독수리 오형제가 합체되어 불사조가 되듯이 사유와 관계없이 비용집행이 가능하다. 관리비 및 장기수선충당금을 예치해놓은 은행에서는 회장과 소장의 인감 두 개가 찍혔는지만 확인한다. 은행 담당자는 그 비용 집행의 타당성에 대해서 검증할 이유도 자격도 없기 때문이다.

투명한 아파트를 유지하기 위해서 좋은 회장이 중요한 만큼 좋은 관리소장도 중요하다. 좋은 관리소장을 쉽게 모실 수 있으면 얼마나 좋겠냐마는 좋은 관리소장을 만나는 것은 전적으로 '운'에 달려 있다. 정확하게 말하자면 대부분의 입주민들은 좋은 소장인지 아닌지조차 판단하지도 못한다. (소장이 누구인지도 모르는 입주민이 대다수이므로.) 따라서 다들 우리 아파트가 운이 있는지 없는지도 모르고 살아간다.

엄마가 좋아, 아빠가 좋아? 만큼 멍청한 질문

여기서 한 가지 짚고넘어갈 문제가 있다. 문제가 있는 아파트에서, '관리소장이 더 나쁠까? 회장이 더 나쁠까?'라는 질문이다. 회장들이 모인 단체에 가면 관리소장이 나쁘다고 한다. 반대로 관리소장의 모임에 가면 입대의 회장이 나쁘다고 한다. 물론 나쁜 관리소장이 멀쩡한 회장을 악의 구렁텅이로 끌고들어가는 것인지, 나쁜 회장이 관리소장을 곤경에 빠뜨리는 것인지 답을 쉽게 내릴 수 없다. 필자의 경험상 이 두 경우 모두 존재한다.

나쁜 관리소장은 관련 규정을 모르는 회장을 손바닥에 올려 놓고 구워삶는다. 이게 맞고 저건 틀리다 라는 식으로 소장이 회장을 로봇처럼 뒤에서 조종하는 것이다. 어느 순간 회장은 관리소장이 하라는 대로 하는 꼭두각시 인형이 되어 있지만 이걸 깨달아도 이미 공범이 되어버렸기 때문에 어찌할 방법이 없다. 이상하다는 것을 알게 되어도 동네 주민들한테 손가락질은 회장 혼자 다 받아가며 계속 끌려가게 되는 것이다.

반대로 나쁜 회장은 관리소장을 범법자로 만든다. 불법적 지시가 난무하고 극단적으로는 종 부리듯이 대하기도 한다. 갑과 을의 관계가 극명하기 때문에 이런 일이 아주 쉽게 생긴다. 가끔 뉴스에서 나오는 관리소장 또는 용역업체 직원들을 대하는 입대의 회장의 갑질은 빙산의 일각이라고 보면 된다. 물론 문제가 되면 소장이 전문가이니 소장이 책임지라며 악덕 회장은 나몰라라 한다. 지금은 아니지만 아주 오랜기간 동안, 법원에서 바라보는 아파트 내의 유일한 공동주택관리법 전문가는 관리소장밖에 없었다.

관리주체의 무한책임론은 다소 개선되었다

이전의 법원은, 입주자대표회의를 무보수 봉사직이라고 판단했다. 비전문가 집단인 입주자대표회의가 설령 잘못된 의사결정을 했더라도 전문가인 관리소장이 이를 제어했어야 한다는 논리였다. 따라서 직접적인 횡령이 아닌 절차상의 위반, 계약상의 문제, 각종 과실에 대한 책임도 전통적으로 관리소장에게 귀속되어 왔다. 합리적인 것 같지만 현실적으로는 꼭 그렇지만은 않다. 몰라서 그러는 것이라면 관리소장의 조언을 들을 수도 있겠지만 알고도 일부러 불법을 의결하면 관리소장이 어찌할 방법이 없어진다.

최근 판례에는 입주자대표회의가 책임의 귀속주체가 되는 경향이 커졌다. 당연히 입대의 회장이 갑이고 관리소장이 을이다보니 회장의 지시가 관리주체에게 직접적으로 영향을 미치게 된다고 보는 것이다. (회장이 위법적인 지시를 하더라도 관리소장이 그 지시를 전면적으로 부정하는 것은 사실상 그만두겠다는 것과 같다. 을이니까.) 쉽게 말하자면 관리소장에게만 책임이 있는 것이 아니라 입대의 회장에게도 책임(더 큰 책임)이 있다고 보는 것이다.

대표적인 것이 하청업체와의 계약이다. 관련규정상 관리주체와의 계약을 제외하곤 모든 하청 용역업체 계약의 주체는 관리소장이다. 그런데 만약 특정 업체와 부당하게 계약하도록 입대의 회장이 지시하였다면 관리소장은 어떻게 할 것인가? '이렇게 하면 안 된다'고 하겠지만 그래도 하라고 하면? 규정상 안 되지만 현실적으론 그냥 할 수밖에 없다. 이 경우 계약당사자가 관리소장이므로 문제가 생기면 관리소장 혼자 독박을 쓰게 된다. 하라는 대로 하지 않으면 관리주체 본사로 소장 교체 요구가 들어가게 되고, 하라는 대로 하면 규정위반에 동참하게 된 것이어서 나중에 문제가 되면 독박까지 쓰게 되니 보통 난감한 일이 아니다.

입대의 하수인이 되지 않고 관리할 수 있을까

정상적인 의결에 의한 집행도 마찬가지이다. 의결은 입대의가 하고 집행은 관리소장이 한다. 의결을 잘못하면 집행도 잘못되는데 문제가 되면 가장 먼저 관리소장이 책임을 지게 된다. 그래서 최근에는 관리소장이 벌금 또는 과태료를 부과받은 경우 그 의결을 한 주체(입대의)에게 구상권 청구 같은 방법으로 책임을 귀속시키는 판결이 많이 나오고 있다.

결론을 말하자면, 입대의는 처음부터 규정에 맞는 의결만을 해야 한다. 엉터리 의결을 해놓고 나중에 무조건 관리소장에게 책임을 전가하는 꼼수는 갈수록 빠져나가기 어려워진다는 의미이다. 물론 비전문가들이 잘못된 의결을 했는데 관리소장이 그걸 지적해내지 못하고 구경만 했다면 전문가로서의 자격이 없는 것이므로 책임을 지는 것이 당연하다.

관리소장으로서 충분히 지적을 했고 알려주었음에도 강행하여 문제가 되었다면 입대의가 책임을 지는 것이 당연하다. 그러나 아직도 많은 아파트에서 입대의가(회장이) 관리소장의 목줄을 잡고 있다는 이유로 엉터리 의결에 대한 집행을 강요하고 있는 것이 현실이다.

이 책을 읽는 독자들은 아파트 리더가 된다면 이것만큼은 명심하자. 본인 스스로 공동주택 관리법 전문가가 아니라고 생각되면 관리소장에게 충분한 질의를 한 후 의결을 해야 한다. 관련 조항이 법, 시행령, 시행규칙, 관리규약에 포함돼 있는지를 관리소장에게 물어본 후 눈으로 한번 더 확인하고 진행해야 한다. 돌다리도 두드려가며 건너야 한다.

특히 장기수선충당금 같은 큰돈을 집행하는 일이나 일단 진행한 후에 되돌리기 어려운 건축물 용도변경, 시설물 교체 등의 경우라면 관리소장도 애매하게 생각하기 쉬우니 구청에 서면으로 질의하고 진행해야 한다. 만사 불여튼튼이다.

관리주체 선정의 두 갈래길

아파트에서는 관리방법을 자치관리와 위탁관리 중 선택하여야 한다. 자치관리는 아파트에서 직접 관리소장 및 직원들을 고용해서 관리하는 것이고, 위탁관리는 관리 전반적인 사항을 관리회사에 위탁하는 것이다. 위탁받은 관리회사가 관리소장과 직원들을 파견한다. 각각의 장점이 있으나 단점도 극명하다.

자치관리는 입주민의 의견이나 개선사항이 빠르게 반영될 수 있다는 장점이 있다. 성실하고 사심 없는 관리소장이 있을 경우 평생직장 개념으로 오랜기간 내 집을 가꾸듯이 운영하기도 한다. 하지만 관리의 전문지식과 법적분쟁 같은 부분에 취약점이 있어 문제가 생길 경우 입주자대표회의도 책임에서 자유로울 수 없다. 관리회사가 가져가는 위탁수수료가 없으며 공정한 경쟁을 통해 공사비, 용역비 등을 줄일 수 있어 관리비 절감의 장점도 있다. 관리소장과 회장의 공동횡령, 배임 등의 문제가 터지면 관리 감독할 회사가 없으므로 피해가 걷잡을 수 없이 커질 수도 있다. 극단적으로 프로 엑스맨 동대표와 전문 앞잡이 관리소장이 손을 잡고 자치관리를 하게 되면 아파트는 고양이에게 생선을 맡긴 꼴이 되어버린다.

위탁관리는 전문 관리회사에게 맡기는 것이므로 자치관리에 비해 상대적으로 전문성이 높다. 관리소장의 부족한 부분을 회사가 메워줄 수 있는 장점이 분명하다. 특히 입주자대표회의 입장에선 본인들도 인지하지 못한 채 발생할 수 있는 여러

법적 문제에 대해 상당 부분 자유로워진다. 입대의가 전문성이 없다는 것을 인정하고 전문회사에게 위탁을 맡긴 것이므로.

위탁관리는 관리회사와 연결되어 있는 수많은 하청업체들에게 특혜를 주어 선정한다거나, 계약 연장을 위해 입대의 회장을 매수하는 등 부작용의 가능성도 존재한다. 이런 부작용은 전부 입주민의 관리비 증가의 이유가 된다. 실제로 수십 년간 한 아파트를 하나의 위탁관리 회사가 관리해온 아파트도 많다. 운영을 너무 잘해서 교체할 이유가 없을 수도 있겠지만, 대부분은 주민들이 무관심한 데다 관리소장이 입대의 관리(?)를 잘해서라고 보는 게 맞을 것이다.

무엇보다 자치관리나 위탁관리를 결정할 때에는 결정권한이 있는 자가 이 결정을 내릴 만큼의 전문성이 있는지를 스스로 물어보는 것이 중요하다. 그저 관리비 절감하겠다고 덜컥 자치관리를 결정하면 향후 투입될 에너지와 시행착오, 그리고 잘못되었을 경우 책임져야 할 사항이 만만치 않기 때문이다.

필자의 의견은 불특정 다수의 입주민이 모인 대단지 신축 아파트의 경우 분쟁의 소지가 많으므로 전문성 있는 위탁관리를 선택하는 것이 유리하고, 오랜기간 동네 주민들끼리 어느 정도 서로 잘 알아 분쟁의 소지가 적은 소규모 아파트의 경우 자치관리가 유리하다는 것이다.

관리주체의 업무를 규정대로 알아야 하는 이유

공동주택관리법 제63조에는 관리주체의 수행업무가 아래와 같이 규정되어 있다.

1. 공동주택의 공용부분의 유지, 보수 및 안전관리
2. 공동주택단지 안의 경비, 청소, 소독 및 쓰레기 수거
3. 관리비 및 사용료의 징수와 공과금 등의 납부대행
4. 장기수선충당금의 징수, 적립 및 관리
5. 관리규약으로 정한 사항의 집행
6. 입주자대표회의에서 의결한 사항의 집행
7. 그 밖에 국토교통부령으로 정하는 사항

그리고 위의 5번의 관리규약으로 정한 사항의 집행은 준칙에 다음과 같이 규정되어 있다.

1. 공사, 용역 등에 대한 입찰관리와 공사감독 및 준공검사
2. 재해보험의 가입

3. 성범죄 등 신고센터 운영 및 경비원의 성범죄 및 아동학대 범죄 경력 조회 확인
4. 이 규약 위반자 및 질서 문란자에 대한 조치
5. 입주자등의 제안, 건의, 민원사항 등의 접수 및 처리현황(7일 이내 회신)을 입주자대표회의에 보고(회의 개최 시)
6. 그 밖에 이 규약에서 정한 사항

이 책의 독자들이 관리주체의 업무를 자세하게 알 필요는 없다. 관리주체는 입주민들의 편안하고 안전한 거주환경을 조성하기 위한 모든 일을 하는 사람들이다. 관리주체의 업무가 규정되어 있다는 것은 저런 일들을 하는 이들이 관리주체라는 점을 명확히 해주는 것이다. 반대로, 규정된 일이 아니면 반드시 하진 않아도 된다는 것을 의미한다. 그러나 일부 입주민들은 관리주체를 하인처럼 생각하기도 한다. 여기에는 용역업체의 직원인 경비원, 환경미화원까지 포함된다. 안타까운 일이다.

관리주체에 대한 입주민들의 오해와 오버

관리사무실을 다방으로 생각하는 입주민이 있는가 하면, 경비원을 심부름꾼이나 짐꾼으로 생각하는 입주민도 있다. 부당한 처우에 항의하면 "내 돈으로 월급 주는데 어디서 대드느냐"며 적반하장으로 나오는 몰지각한 경우도 있다. 물론 직원

들의 급여가 입주민의 관리비에서 지급되는 것은 맞다. 그렇다고 직원들이 입주민의 심부름까지 할 의무는 없다.

상대적으로 사회적 약자에게 별 것 아닌 완장을 차고 큰소리치는 사람들이 많은 것도 부인할 수 없는 현실이다. 국가의 녹을 먹는 모든 공무원, 예를 들어 법원의 판사도 광의의 의미에선 국민의 세금으로 임금이 지급된다. 경비원에게 갑질하는 사람이 판사 앞에서 재판받는 상황에 놓이면 "내 돈으로 월급 주는데 어디서 갑질이냐"라고 할 수 있겠는가?

이상한 입주민들 뒤치다꺼리 하느라 정작 중요한 일을 못 하게 되면 결국 피해는 모든 입주민에게 돌아간다. 경비실에 에어컨을 설치하는 문제로 한때 언론이 시끄러웠었다. '기름 한 방울 나지 않는 나라에서 환경을 생각해 경비실에는 에어컨을 설치하지 말아야 한다'는 입장문을 어떤 입주민이 붙였던 것으로 기억한다.

필자가 살던 아파트에도 분양 당시 경비실에 에어컨이 없었다. 경비원들은 그 좁은 경비실에서 선풍기 한 대로 여름을 버텨야 했다. 복장도 모두 갖추고 말이다. 그 안이 얼마나 더운지 확인해보기 위해 한여름에 30분 정도 들어가 앉아 있어봤다. 지옥이 있다면 이런 곳이겠구나 하는 생각이 들었다.

입대의 회의에서 모든 경비실에 에어컨을 설치하는 의결을 하고 에어컨을 설치했다. 이런 대처에 대해 어떤 입주민들은 이렇게 얘기한다. "우리집에도 에어컨이 없다. 에어컨 없이 여름을 보내도 문제 없는데 왜 경비실에만 에어컨을 달아서 공동전기료를 올리느냐?"

경비실이 아파트 내부에 위치한 경우도 있지만 대부분의 아파트 경비실은 건물과 별도로 외부에 위치해 있다. 입주민들의 집 위에는 또 다른 집이 있다. 옥외 경비실 위에는 다른 집이 없다. 입주민들의 집이 아무리 좁아도 경비실보다는 넓을 것이다. 경비원에게는 그 좁은 공간이 일터이고, 입주민들이 고객이다. 경비원이 좋은 환경에서 근무하면 서비스가 좋아진다. 제발 사소한 것에 목숨 건듯 덤벼들지 말자.

경비원도 사람이다, 사람!

어느 아파트에나 경비원 아저씨들이 있다. 대개 현업에서 은퇴한 고령자가 최저임금을 받으며 근무하는 경우가 대부분이다. 통상의 입주민들은 관리소장이나 관리사무소 직원들보다 경비원들을 훨씬 더 많이 만난다. 관리소장이 누군지는 몰라도 내가 사는 동의 경비원 아저씨는 안다. 그래서 입주민과의 최접점에 위치한 중요한 임무의 자리라고 할 수 있다.

경비원은 수상한 사람으로부터 입주민을 보호하고, 재난이나 위험을 감시하고, 단지 내 안전을 위해 순찰을 하고, 택배도 받아주고, 재활용 분리수거 업무도 하고, 낙엽 쓸고 눈 치우는 일 같은 잡다한 일들도 한다(아니 했었다). 집에 귀뚜라미가 출몰하거나 위층에서 뛰거나 야밤에 이웃이 피아노를 쳐도 경비실로 전화를 하니 출동한다. 아파트의 해결사인 것이다.

원칙적으로 말하면 택배 수령, 분리수거 같은 일은 경비원 본연의 업무가 아니다. 이런 일을 위해 인건비를 따로 투입하기 어려우므로 통상 약간의 수고비를 받으며 경비원이 관습적으로 해왔던 일일 뿐이다. 입주민과의 원활한 관계 유지를 위한 일종의 편의제공인 것이다. (그나마도 이제는 더이상 경비원 업무 외의 일을 요구할 수 없는 합리적인 세상이 되어가는 중이다.)

누군가의 눈에는 매일 앉아서 놀고 있는 것처럼 보일 수도 있겠지만 경비원은 생각보다 할 일이 많다. 그럼에도 경비원 월급을 내 주머니에서 나가는 헛돈이라고 생각하는 입주민도 의외로 많다. 하는 일 없이 앉아서 시간 때우고 잠만 잔다고 생각하는 것이다. (물론 과거에는 간혹 런닝셔츠 차림으로 책상에 다리 올리고 꾸벅꾸벅 공자님을 만나고 계신 분들도 있었다.)

비용절감을 이유로 무작정 경비원을 줄인 후 무인화, 자동화 시스템을 도입하려는 아파트도 많다. 물론 자동화 시스템으로 바꿔서 좋아지는 부분도 있겠지만 실제로 바꿔보면 안다. 사람이 필요한 일은 사람이 해야 한다는 것을…. 기계로부터 받는 서비스를, 사람만이 해줄 수 있는(표현하기 어려운) 감성 어린 서비스와 비교할 수 없다. 또한 정말 긴급한 상황이 발생한 경우, 기계로는 대처가 안 된다.

사람이 사람을 구한다

필자는 음주를 상당히 즐긴다. 두주불사형 끝장파이다. 한번은 쌀쌀한 초겨울에 꽤 거나하게 마신 후 직장이 있는 여의도에서 인천 검단의 집까지 택시를 타고 귀가한 적이 있었다. 그때 왜 그랬는지 설명할 수 없지만 행인이 드문 단지 내 소나무 및 잔디밭 위에서 신발을 가지런히 벗어놓고 곤히 잠들었다. 경비원 아저씨가 순찰하다 떡이 된 '취객'을 발견했고, 추위에 아랑곳하지 않고 너무나 편하게 자고 있는 그를(필자다) 억지로 깨우고 부축해서 집에 데려다주었다. 나중에 경비원 아저씨를 찾아가 감사 인사를 드렸다.

"날씨 추운데 깨워놓고 보니 입대의 회장님이더라구요. 동호수를 아니 모셔다드렸죠." "(아 쪽팔려…) 그런데 저 같은 사람이 많나요?" "엄청 많아요. 겨울에 발견 못 하면 얼어 죽어요." 그 당시 그 경비원 아저씨가 순찰을 돌지 않았다면 뉴스에 나왔을 수도 있겠다. "만취객 아파트 잔디밭에서 대자로 뻗어 자다가 동사" 물론 그랬다면 이 책을 쓰고 있지 못했을 것이다. 등골이 오싹해지는 경험이자 경비원의 필요성을 느끼게 해준 경험이었다.

단지 내에서 뛰어놀던 아이가 갑자기 차에 부딪힐 수도 있고, 놀이터 그네에서 떨어질 수도 있다. 심지어 집을 잃어버리는 아이도 있다. 문이 잠겨 집에 들어가지 못하는 경우도 있고, 하수관이 얼어 폐수가 역류하는 경우도 있고, 바퀴벌레 떼가 행군을 하는 경우도 있다. 경비원 아저씨는 이럴 때 슈퍼맨처럼 나타나서 문제 해결에 도움을 준다. 기계는 절대 이런 것을 해줄 수 없다.

히어로는 아니지만 난감한 순간에 있어줘야 할 사람

여담이지만 연례행사처럼 등장하는 입주민 자살소동 같은 경우에도 경비원이 없으면 대략 난감해진다. (실제로 실행하는 경우는 드물지만, 자살한다며 베란다에 매달리거나 경찰에 신고하는 사람이 적지 않다.) 필자는 회장임기 중 입주민이 자살소동을 벌이고 있다는 보고를 세 번 받았다. 이런 보고는 정말 난감한 보고이며, 입대의 회장이라고 대처할 할 수 있는 특별한 방법이 있을 리가 없다. 일단 경찰에 신고한 후 경비원이 뛰어올라가서 말리는 것밖에 할 수 있는 일이 뭐가 있겠는가.

경비원은 반드시 필요하다. 물론 꼭 필요하다고 보안요원과 경비원을 과다하게 채용하여 관리비가 높아지는 것은 주의해야 한다. 아파트마다 높이가 다르고, 면적이 다르고 동수가 달라서 적정 인력 수준을 제안하기는 힘들다. 필자의 경험상 경비원은 한 동당 1명이내, 80세대~100세대당 1명 정도면 적당하다고 본다. 1,000세대 아파트의 경우 10명~12명 정도가 되겠다. 물론 이 수치는 근거 있는 수치가 아니며 참고적인 수치이다.

아무 문제 없던 경비원이 이유 없이 자주 바뀌는 아파트들도 있다. 입주민들은 새로운 경비원이 나타나면 "어 바뀌셨어요?"하고 그냥 넘어간다. 여기엔 속사정이 있을 수도 있다. 아파트에서 경비업체에 임금 지급을 할 때는 보통 경비원들의 퇴직금까지 산정해서 함께 지급한다. 그러나 퇴직금은 1년의 근무기간이 지난 후에 지급되기 때문에, 그전에 퇴직하는 경비원은 이 퇴직금을 수령하지 못한다. 결국 입주민들은 퇴직금을 주었으나 수령자가 없게 되는 것이고 이 수익은 고스란히 용역회사의 수익이 되는 것이다. 용역회사는 경비원을 길게 근무시킬 이유가 없고, 경비원도 어차피 교체될 것이니 열심히 근무할 리가 만무하다.

케바케, 복불복, 갑을관계

물론 모든 경비원들이 다 사명감을 가지고 일을 하는 것은 아니다. 모두 훌륭한 인성을 가지고 있다고 볼 순 없다. 회장 초기 시절 아파트를 산책하다 아파트 담벼락에 소변을 보는 경비원을 발견하기도 했다. 가까이 가보니 술을 드신 상태였다. 근무시간에 음주 상태로 외부에서 실례를 하고 계신 것이었다. 재발하지 않도록 관리소장을 통해 경고 조치하였다. 누구나 실수할 수 있으므로 개선의 기회를 준 것이다.

그런데 얼마 지나지 않아 같은 경비원이 재활용 분리수거 중 혼자 욕을 하고 있는 것을 발견했다. "××년놈들이 음식물 쓰레기를 재활용에 담아놓고 ××이야." 필자가 회장이든 아니든 그게 중요한 게 아니었다. 주변에 입주민이 지나가고 있는데 그런 심한 욕을 하면서 일을 하는 모습은 묵과하고 넘어가기엔 너무나 비상식적이었다. 용역업체에 정중히 경비원 교체를 요구했고 문제의 경비원은 교체되었다. 그뒤로는 동일한 일이 발생하지 않았다.

제언을 하자면 사회적 약자인 경비원, 미화원들에게 갑질 좀 그만하기를 바란다. 경비원은 입주민 골프가방 들어주고, 장바구니 들어주려고 그 자리에 있는 것이 아니다. 자발적으로 도와주겠다는 것이야 말릴 수 없겠지만 도움을 받았다면 시원한 음료라도 한 잔 대접하도록 하자.

사람 사는 세상이다. 특히 동대표 되었다고 경비원에게 이래라 저래라 갑질하지 말자. 대단하지도 않은 동대표 완장을 채워줬더니 마치 귀족이라도 된 것처럼 나이 드신 경비원을 노예 대하듯 하는 사람을 너무나 많이 보았다. 이런 걸 흔히 "후레자식"이라고 하지 않는가? 한심하기 짝이 없는 일이다.

관리주체는 지난 여름의 자료도 가지고 있다

관리주체는 아파트와 관련된 모든 자료를 보관하고 있다. 관리규약도 있고, 장기수선계획서나 안전관리계획서도 있다. 각종 시설이나 장비관련한 서류도 있다. 사용료, 장기수선충당금, 잡수익 같은 입주민 돈의 현황 및 회계서류도 있으며, 관리비도 보관되어 있다. 입주자대표회의와 선거관리위원회의 회의록도 보관한다. 이런 자료들은 최소 5년 이상 보관해야 할 의무가 있다.

여러분들이 아파트가 어떻게 돌아가고 있는지 알고 싶다면 이 자료들을 통해 거의 대부분 파악해낼 수가 있다. 보관 의무가 있으므로 만약 의도적으로 폐기하거나 보관장소를 이동시켰다면 이 자체로 큰 문제가 된다.

필자는 소통, 공개, 관리비, 이 세 가지를 투명한 아파트의 바로미터로 삼는다. 입대의는 주민과 원활히 소통하고, 관리주체는 모든 자료를 명쾌하게 공개해야 된다. 입주민은 관리비 명세서를 통해 투명한 아파트인지 아닌지 여부를 판단할 수 있게 된다. 그만큼 자료의 투명한 공개는 중요하다.

관리규약에는 입주민 누구나 모든 자료를 즉시 열람할 수 있는 권리가 보장되어 있다. 입대의 회의 장면을 녹화하거나 녹음한 경우에도 열람할 수 있다. 열람은 즉시 가능하며, 복사를 원하는 경우에도 복사 수수료를 내면 수일 이내에 받을 수 있다. 복사 수수료를 받는 이유는 과거에 밑도 끝도 없이 복사를 수백 장, 수천 장씩 요구하여 업무를 방해하는 경우도 있었기 때문이다.

만약 입주민이 관리사무소에게 가서 필요한 자료를 보고 싶다고 달라고 했는데 의심의 눈초리로 보여줄 수 없다고 하거나, 관리소장 방에 있는데 지금은 잠겨 있어서 볼 수 없다고 하거나, 그게 왜 필요하냐고 따지듯이 묻는다면 그 아파트는 비밀이 많은, 매우 수상한 아파트임을 스스로 광고하는 것이다. 자료를 관리소장 방에 보관하여 필요시 바로 열람할 수 없게 보관하고 있다는 자체가 즉시 열람의 규정을 위반한 것이다. 또한, 자료 열람을 신청한 입주민이 열람 사유까지 상세하게 밝혀야 할 의무 같은 것은 없다.

반대로 관리사무소에 방문하여 장기수선충당계획이나 입대의 회의록 같은 자료 열람을 요구했는데, 공개된 장소에 언제든 꺼낼 수 있게 보관되어 있고 지체없이 내놓는다면 일단은 합격점을 줄 수 있다.

관리사무소에 주민이 보지 말아야 할 자료는 개인정보가 기재되어 있는 자료 외에는 없다. 입주민 관리카드, CCTV 녹화 파일 같은 개인의 사생활에 침해를 줄 수 있는 자료는 볼 수 없기 때문이다. 투명한 조직은 숨길 필요가 없으나, 두려운 것이 있는 조직은 숨기고 싶은 열망으로 넘치는 것이 인지상정이다.

현실에서는 어떤 경우가 더 많을까? 안타깝게도 숨기는 경우가 더 많다. 아파트 일에 무관심한 입주민이 대부분인 환경에서 관심을 가지고 참여하는 주민들이 많으면 아파트에는 당연히 좋은 일이다. 현실적으로 관리소장 입장에선 좋을 수만은 없다. 어느 아파트에나 열혈투사(?)는 있게 마련이고 투사 한두 명이 관리소장 입장에선 제일 '골칫거리'이기 때문이다.

의도적인 업무방해로 대량의 열람과 복사 요청하는 경우가 아니라면 정해진 규정은 예외 없이 명쾌하다. 입주민이라면 모든 서류를 볼 수 있다.

이런 질문이 많이 들어온다. "레벤톤님, 우리 아파트가 좀 이상한데 어떤 것부터 해야 할까요?"

필자는 언제나 이렇게 대답한다. "관리사무소에 가서 최근 2년간의 입대의 회의록을 복사해달라고 해보세요. 그걸 안 주면 거기서부터 이상한 겁니다. 내용이 이해 안 되더라도 천천히 읽어보면 상식적 입대의인지 아닌지 정도는 쉽게 파악할 수 있습니다."

투명한 아파트를 위한 첫걸음은 간단하다. 관리사무소에 방문해서 서류를 확인해보는 것이다. 살펴보다가 궁금한 부분이 있으면 그때 자세히 찾아보면 된다.

용역업체 선정 프로세스

입주자대표회의에서 관리방법을 위탁관리로 결정하여 관리회사를 선정하면 관리회사는 관리소장을 파견한다. 파견된 관리소장은 입대의 의결을 통해 각종 용역계약을 체결한다. 수많은 업체 중 어떤 업체를 선정할지는 입대의가 결정하고 계약체결은 관리주체인 관리소장이 하는 것이다. 그런데 아주 많은 문제들이 이 과정에서 발생한다.

우선, 입대의 동대표들은 전문성이 거의 제로에 가깝다. 업체를 선정할 능력이 없다. 그래서 엑스맨들의 작업에 쉽게 넘어간다. 업체 모집을 위한 공고문에서 장난이 시작된다. 맘에 들지 않는 업체나 누가 봐도 우수한 업체를 사전에 제거하기 위한 별도조항을 넣는 것이다. 자본금 얼마 이상, 경력 몇 년 이상… 이런 식이다. 그런 조건이라면 의욕있는 신생업체들은 서류조차 낼 자격을 갖출 수 없다. 엑스맨 회장과 소장은 이런 점을 아주 잘 이용한다.

제출한 서류의 사전검사를 통해 서류불충분 또는 자격미달로 특정 업체를 떨어뜨리기도 한다. 동대표들은 아무것도 모른 채 올라온 서류들 중 하나를 선택하게 된다. 그 순간 자기도 모르게 모두 공동의 책임을 지게 된다.

또한 최저가격입찰제를 진행하는 경우 정말 100원 때문에 결과가 달라지기도 한다. 최저임금제에 맞춰 입찰서가 제출되는 경비업체의 경우 인원이 동일하면 인건비도 동일하게 제안된다. 업체 마진까지 모집공고에 고정률로 제안되었다면 결국 경비원 피복비 같은 사소한 항목에서 최저가가 결정되는데 그 단위가 100원, 10원까지 내려간다. 한 업체는 피복비 5만원을 기재했는데 다른 업체는 49,900원을 기재했다고 가정해보자. 최저가 기준으로 100원 더 싼 업체가 선정되는 웃지 못할 일이 생기는 것이다.

또한 제출된 서류의 완벽한 구비 여부나 그 진실성을 판단하는 것은 사실상 불가능에 가깝다. 몇십 페이지에 달하는 업체별 경력기술서에 기재된 내용이 진실인지 거짓인지 잘 알지도 못하는 동대표들이 책상에 앉아서 어떻게 판단한단 말인가?

이런 식이다보니 나중에 부적격업체 선정으로 문제라도 되면 의사결정에 참여한 입대의와 관리소장의 다툼으로 번진다. (실제로 입찰에 탈락한 업체들이 부당선정을 사유로 민원을 거는 경우가 많다는 것을 알아두자.) 소장은 동대표들이 선정했다고 하고 동대표들은 소장이 계약했다고 한다. 법적 문제로 발전할 경우 재판을 받아봐야 하겠지만 책임에서 완전히 자유로울 수는 없다. 통상 전문성을 가진 관리소장에게 더 큰 책임이 부과되지만 만약 소장이 사전에 입대의를 만류하였음에도 입대의가 강행했다면 결과는 반대가 될 수도 있다.

전문 지식이 없는 일반인 입대의는 업체선정을 어떻게 해야 하는가? 또한 엑스맨이 중간에 개입돼 있다면 어떻게 이를 저지할 것인가? 최소한 사전 입찰모집공고에 부당한 조건이 들어있지 않은지 확인해야 한다. 그리고 공고문이 정확하게 k-apt 웹사이트에 공개적으로 공지되었는지 확인한다. 그렇게 모집된 업체들의 서류에 대해선 필수서류와 진위 여부를 챙기는 일은 관리사무소에 일임하고 책임 소재를 문서화해둬야 한다.

심사할 때도 적격업체로 선정한 사유를 반드시 회의록에 기재해두자. 이 정도는 해놓아야 공정한 업체선정이라 할 수 있다. 혹시 모를 미래의 분쟁을 예방할 수 있으니 매우 중요한 내용이다. 아무리 정의롭고 똑똑한 동대표라 할지라도 업체 선정을 위해 엑스맨이 작정하고 조작해서 덤비면 그 내막을 쉽게 알아채기 어렵다.

아파트 내의 유일한 전문가, 관리소장

앞서 말했듯이 관리소장은 입대의 회장과 더불어 아파트의 2대 핵심인물이다. 관리소장은 주택관리사 자격증을 취득하여야 하는 전문직이며, 공동주택관리법의 전문가이다(실제로는 공동주택관리법을 잘 모르는 경우도 있지만 법원에서는 아파트 내의 유일한 전문가로 취급한다). 아파트에서 일어나는 모든 일에 관여하며, 입주자대표회의의 비전문성을 보완한다. 규정에 대한 지식을 기반으로 입대의의 바른 의사결정을 유도하는 역할을 한다. 실질적인 아파트 운영의 책임자이다.

딱히 정년이 없기 때문에 주민들과의 관계가 나쁘지 않다면 롱런할 수 있는 직업이기에 자격증에 도전하는 사람도 적지 않다. 그러나 다분히 박봉이다. 주민 관리비에서 급여가 지급되기 때문에 늘 이해관계가 생길 수밖에 없다.

관리소장은 아파트 내에서 막강한 권한을 가지고 있다. 통상 관리소장 휘하에 있는 관리과장, 경리주임, 기전주임 등의 관리사무소 직원들의 보스이자, 각종 용역업체에서 파견된 근무자(경비원, 미화원, 보안요원 등)의 보스이다. 실질적 인사권도 가지고 있다. 관리소장은 임의대로 해고하거나 교체할 수 없다. 정당한 사유없이 해고를 시도할 경우 관계법령상 과태료 부과 대상이 된다. 이렇게 막강한 권한을 가지고 있으나, 이것은 어디까지나 이론적인 얘기이다.

어떤 관리소장은 동대표들과 힘을 합쳐 관리비를 절감하고 투명한 아파트에 앞장선다. 어떤 관리소장은 허수아비 회장을 세워놓고 실질적으로 아파트를 좌지우지한다. 어떤 관리 소장은 동대표들에게 휘둘리고 부당한 업무지시를 마지못해 따르다 쓸쓸히 떠나거나 과태료 폭탄을 맞기도 한다. 어떤 관리소장은 동대표들과 힘을 합쳐, 주민들의 눈을 가리고 할 수 있는 최대한의 착복을 한다. 필자는 이 네 가지 경우의 관리소장을 모두 겪어보았다.

관리소장 A는 동대표들이 관련규정을 모른다는 점을 악용해 규정을 살짝 바꿔서 알려주고 서류조작을 일삼았다. 본인이 공동주택관리법 전문가임을 늘 자랑했기에 상당기간 동안 어느 누구도 그 소장이 하는 얘기를 의심하지 않았다.

관리소장 B는 회장과 술을 마시고 다니며 친구처럼 지내는 등 누가 회장인지 모를 정도로 활동을 했다. 각종 업체선정에 거의 직접적으로 관여했으며 희한하게도 수시로 엘리베이터 점검이 진행되었다. 근무시간에 엉뚱한 곳에 다녀오고 사무용품 구입비로 개인용품을 사는 등 조잡한 행동을 했다.

엘리베이터가 고장나면 점검 및 작은 부품 교체에도 돈이 많이 든다. 새 아파트의 엘리베이터가 수시로 고장난다면 의심해볼 필요가 있다. 엘리베이터는 일부러(?) 고장나게 할 수도 있는 기계다. 자동차 정비와 비슷하다고 생각하면 될 것 같다. 어떤 정비소는 차에 별 문제가 없다고 하고 어떤 정비소는 엄청난 부품 교체를 요구하듯이 말이다. 관리소장 A와 B는 결국 해고되었다.

관리소장 C는 부당한 입대의에 맞서 처절하게 싸우다가 장렬하게 전사(?)한 케이스다. 선한 사람이었고 지식도 충분했으나 무대포식 괴롭히기도 하루이틀이지 몇 년에 걸쳐 괴롭힘이 진행되면 견디기가 힘들어진다. 그들에게 멱살도 잡히고, 목도 졸리고, '관리소장이 아무데서나 담배 피고 인사 안 한다'고 입대의에서 현수막도 걸었다. 초등학생들이 한 행동이 아니라 실제로 다 큰 어른들이 한 행동이었다. 결국 그는 스스로 다른 아파트로 떠났다.

관리소장 D는 정의로운 회장과 만나 아파트 관리의 모범사례에 한 획을 그었다. 입주민들에게 존경을 받았다. 관리비 앱을 도입하여 누구나 쉽게 확인할 수 있게 했다. 눈부신 관리비 절감 실적도 만들어냈다. 아파트에 관련된 모든 일들은 공개되었으며, 귀찮을 법도 하련만 여름이 되면 수영장을 개방하고 어린이들을 위한 물고기 잡기 체험도 진행되었다. 드물게 신기한 사례였다. (BGM: 그런 사람 또 없습니다)

초고수 엑스맨은 리더로 나서지 않는다

엑스맨들의 대부분은 앞에 나서서 감투를 쓴다. 그러나 진짜 초고수급 프로 엑스맨은 앞에 나서지 않는다. 직접 입주자대표회의 회장으로 나서지 않고 회장의 주위를 맴돌며 원하는 대로 회장을 조종한다. 선관위원은 하되 선관위원장으로 나서지는 않는다. 그러면서 본인 마음대로 돌아가게 만든다.

이유는 간단하다. 책임은 결국 장에게 물리기 때문이다. 국가적 비극이나 가슴 아픈 재난이 생길 때마다 대통령이 나와 대국민 사과를 한다. 대통령이 재난을 일으켜서 사과하겠는가? 나라의 대표이자 장이니 사과를 하는 것이다. 그래서 장은 피곤하다.

책임은 지지 않으면서 원하는 바를 이루는 가장 편리한 방법은 당연히 아바타를 내세우는 것이다. 그럼 이런 경우 단체의

장은 누가 하느냐? 바로 '바지'가 한다. 통상 이런 경우 바지는 본인이 빙다리 핫바지인 줄을 모른다. 바지는 프로 엑스맨이 하라는대로 앞에 나서서 착착 일을 진행시킨다. 하라는 대로 꼭두각시처럼 움직인다. 시간이 지나 각종 비리와 문제들이 드러나면 조직의 장이 모든 책임을 지게 될 것임에도 알아채지 못한다.

포섭하는 것도 아주 쉽다. 친한척 접근해서 밑도 끝도 없이 붕붕 띄워주면 된다. 결국 나중에 문제가 되면 엑스맨에게 헬프를 외쳐보지만 엑스맨은 역시 나서지 않는다. 그저 입으로만, 껍데기로만 따뜻하게 위로할 뿐이다. 이것조차 가식임을 바지들은 알아채지 못한다. 통상 바지로 장이 되는 사람들에게는 몇 가지 특징이 있다.

우직하다

일단 친해지면 잘 넘어가는 특징이 있다. 같은 고향사람이라도 만나면 태어나서 처음 만났음에도 갑자기 수십 년간 알고 지낸 듯한 형님동생으로 돌변한다. 이런 사람들에게 학연 지연 들이대며 일단 친해지면 난처한 부탁도 척척 잘 들어준다.

순박하다

평생 남한테 나쁜 짓 못해본 사람들이 의외로 바지가 잘 된다. 사람은 자기가 생각하는 것처럼 세상을 바라보기 때문에 이런 사람들은 호의와 악의를 잘 구분하지 못한다. 자기를 이용해먹기 위해 접근하는 마수를 알아채지 못하고 쉽게 오염되어 버린다.

의리파다

한번 친구가 되었다고 판단되면, 다시 말해 내 편이라고 판단되면 미친 짓을 해도 감싸준다. 논리고 정의고 명분이고 다 필요 없다. 이런 사람에겐 무조건 내 편이 우리 편이고 옳은 사람이다.

우직하고 순박하고 의리파. 사실 참 좋은 사람 아닌가? 그러나 이런 사람들이 엑스맨의 표적이 된다. 그렇게 엑스맨의 표적이 되어 앞으로 나서면 언젠가는 총알받이가 된다.

만약 여러분 주위에 여러분을 강하게 '장'으로 추천하는 사람이 있다면 한번쯤 의심해봐야 한다. 나를 빙다리 핫바지로 보고 있는 것은 아닌지….

명심하자. 권한에는 책임이 따른다. 그 책임은 조직의 장이 진다. 이 글을 읽는 독자들 중에 혹시 아파트 관련 '장'님이 있다면 잘 돌아보기 바란다.

'설마 나는 바지가 아닌가?'

'설마 나의 활동으로 불로소득을 올리는 엑스맨 설계자는 없는가?'

'설마 내 임기가 끝나면 본의 아니게 내가 곤란해질 일은 없는가?'

만약 등골이 오싹해진다면 당장 조치를 취하라. 지금 되돌리지 않으면 그 설마가 현실이 될 수 있다.

'프로 엑스맨'이 가장 두려워하는 것은 무엇일까요?

(1) 정의파의 등장

(레벤톤 찜쪄먹을 만큼 전투력 강한 정의파 주민)

(2) 해쳐먹은 물증

(드러나지 않은 것은 훨씬 더 많지만)

(3) 주민들의 의심이나 비난

(어제까지 무관심했고 곧 다시 무관심해질)

(4) 배신

(그것도 부려먹던 '따까리'나 '바지'로부터의 치명적 배신)

정답은, 60초 후에…. 아니, 다음 페이지에!

(4) 배신

이유는 이 책을 모두 읽으면 잘 알게 됨.

공무원에게 고함

구청 주택과 담당자님, 아무도 오기 싫어하는 자리로 발령받아서 고생 많으십니다. 본인이 희망해서 손 들고 그 자리에 앉아 있는 사람 저는 못 봤습니다. 그게 직업인데 기왕 하시는 거 사명감을 가지고 해주시면 좋겠습니다. 제발 아파트의 문제가 어디에서 기인하는지 집중을 해주십시오. 아파트 분야에선 그 자리에 있는 담당자가 거의 왕이잖습니까? 담당자님이 판단이 이상해지면 관할구역의 모든 아파트 입대의는 춤을 추게 됩니다. 구청에 계속 찾아와서 드러눕고, 매일같이 전화해서 괴롭히는 사람들 편만 들어주지 마시고 조용히 규정을 지키는 사람들 편을 들어주셔야 합니다. 제발요~.

통반장
사용설명서

통장과 반장의 역할

아파트에도 통장과 반장이라는 역할이 있다. 통장은 주민이 선출하는 게 아니라 주민센터(동사무소)에서 위촉한다. 반장은 통장이 추천하며 마찬가지로 주민센터에서 위촉한다. 통장은 쉽게 말해 시골의 이장과 비슷한 개념이다. 통반장은 공동주택관리법에 의해 운영되는 자리가 아닌 행정관청에서 지정하는 자리다.

통반장은 주민 자체단체라기보다는 공무원에 가깝다고 보는 것이 맞다. 따라서 공동주택관리법에 의해 운영되는 입주자대표회의, 선거관리위원회 등과는 역할이 근본적으로 다르다. 통반장은 동사무소 공무원의 보조 역할인 것이다. 일부 입주민들은 이런 차이를 헷갈려 한다.

입대의 회장은 주민이 뽑은 대표이고, 통장은 동사무소에서 뽑은 가교 역할을 하는 자리라고 자세히 제대로 이해하는 주민은 거의 없다. 그저 대충 다 아파트 일을 하는 사람으로 통용된다. 그러다보니 어처구니 없게도 별다른 권한이 없는 통장이 무소불위의 권력을 가지게 되는 아파트도 있다. 주민들은 회장이나 통장을 그저 비슷하게 생각하기 때문에 결국 이것도 감투가 돼버리는 것이다. 4년으로 정해져 있는 입대의 임기가 끝나면 자연스럽게 통장으로 넘어가기도 한다. 각자의 임기 종료 후 통장은 회장이 되고, 회장은 통장이 되는 돌려막기 같은 경우도 있다.

통상적인 통장의 역할은 이렇다.

1. 관할 통 주민의 지도
2. 행정시책의 홍보와 주민의 여론, 건의사항의 보고
3. 주민의 거주 여부, 입주퇴거 현황 파악
4. 각종 시설 확인
5. 새마을사업 추진협조 · 민방위 안내

기재된 대로 동사무소(주민센터)와 주민들 사이의 가교 역할이 통장 본연의 업무이다. 뭔가 거창하지만 실제로는 적십자 회비를 걷는다든가, 민방위 통지서를 배부한다든가, 전출입 현황을 파악하는 잡다한 심부름 정도이다. 필자가 수년간 통장, 반장의 업무를 지켜본 결과 실제로 하는 일은 거의 없다고 봐도 무방하다.

준 공무원? 준 정치인? 준 마을 유지? 준 엑스맨?

통장은 직책수당과 회의비를 합쳐 몇십만원의 수당을 받으며 자녀교육비와 쓰레기 봉투 같은 혜택을 받기도 한다. 왜 받는지도 이해할 수 없지만 그나마 여기까지만 보면 별 문제가 없어보인다. 사실 통장이 힘을 가지게 되는 경우는 이런 일반적인 경우가 아니다. 바로 정치적 활동에 동원되는 경우이다. 구청이나 동사무소에서 진행하는 각종 행사의 단골 참석 멤버이며, 아파트 근처의 각종 공공기관에서 보내주는 행사, 국내외 견학을 빙자한 여행, 통장 자리가 뭐라고 마을잔치의 귀빈이자 핵심 멤버가 된다. 정말 웃기는 일이다.

통반장들은 인근 단지 아파트의 통장들끼리 카르텔을 형성한다. 정치인들은 통반장 협의회를 표밭으로 인식하고 접근한다. 통반장들은 본인들이 마치 준정치인이라도 된 것처럼 행동하는 경우도 많다. 등산, 스포츠, 탁구 등 각종 지역 동호회의 선봉에 서기도 하며 선거시즌이 되면 물밑에서 선거운동을 하는 경우도 있다.

통반장인가 마케터 홍반장인가?

하물며 본인의 영업을 위해 통장에 들어오는 경우도 흔하게 볼 수 있다. 평일 낮에 통장회의를 진행하므로 구조적으로 일반 직장인들은 통장을 하기 어렵다. 상대적으로 시간이 많은 자영업자나 영업활동을 하는 사람들이 통장을 하며, 이 자리를 본인의 영업에 노골적으로 활용하기도 한다.

한 사례를 들어보면, 종합병원에 건강검진 손님을 끌어가기 위한 목적으로 통장을 하는 사람이 있었다. 이 사람의 활동은 결국 공공기관에서 아파트에 제공하는 무상 건강검진 혜택을 받는 아파트 주민을 본인이 근무하는 병원으로 유치하는 것이었다. 주민 입장에선 어느 병원에 가나 무상이므로 단지 내에 감투를 쓰고 있는 사람이 근무한다는(또는 추천하는) 병원을 쉽게 선택하는 것이다. 검사 고객이 많아질수록 병원은 수익을 얻는 구조인 셈이다.

이런 사람에게 통장이란 자리는 봉사, 동주민센터와 주민과의 가교와는 거리가 멀었다. 그저 본인 영업을 위해 장기간 통장을 하며 단지 내에서 무단으로 병원 홍보를 하고 인맥을 넓혀 영업활동에 이용하는데 그 감투를 열심히 활용했다.

일부 통반장들의 은밀한 사익추구 생활

모두가 그런 것은 아니지만 통반장들 세계에서는 지독하게 정치적이며 이기적인 일들이 아무렇지도 않게 일어난다. 아파트 주위에 위해(危害)시설이 있는 경우 이들의 행동은 더욱 심각하다. 위해시설 책임자는 주민들의 원성을 잠재우기 위해 주민대표에게 접근한다. 아파트의 주민대표는 당연히 입주자대표회의다. 그러나 입주자 대표회의는 그 아파트에서 대표일뿐, 타 단지와의 연결고리는 거의 없다.

아파트 동대표가 자기가 사는 아파트 외에 근처의 아파트 동대표들과 만나야 될 일이 별로 없을 뿐더러 만날 필요도 없기 때문이다. 그러나 통장은 다르다. 지역적 카르텔이 너무나 잘 형성되어 있다. 예를 들어 같은 동 지역에 살고 있는 통장들은 수시로 모여 회의를 한다. 밥도 먹고 술도 먹고 친목을 다져가며 명함도 돌리고 이것저것 감투도 나눠가진다.

그래서 위해시설 측은 입주자대표회의보다 통장단을 먼저 찾아가는 것이다. 지역을 망라하는 통장단이 위해시설에 대해

딴지를 걸지 않으면 좋은 게 좋은 거라고 넘어가게 될 수도 있다. 지역에서 방귀 좀 뀐다는 사람들이 통장단에 모여 있는 것도 이래서 우연이 아니다.

게다가 임기도 고무줄이다. 입주자대표회의는 공동주택관리법이라는 구속장치가 있어 4년 이상은 할 수 없지만 통장은 지역에 따라 최대 8년까지도 가능하다. 일반적인 통장의 임기는 4년이다. 그러나 예를 들어 인천 서구의 통장 임기는 특이하게도 8년으로 구청에서 늘려놓았다. 봉사가 정말 너무너무 하고 싶은 사람들이 많은 지역이라 8년으로 늘려놓았을까? 어쩌면 인천 서구에 수도권 매립지가 있다는 점에서 충분히 그 사유를 미루어 짐작할 수 있지 않을까?

수도권 매립지는 서울의 쓰레기를 매립해주는 조건으로 서울시로부터 막대한 돈을 받고 그 일부를 주민에게 환원한다. 매년 견학을 명목으로 매립지에서 이들(특히 통반장들)을 해외에 보내주고 귀빈 대접을 해주니 꿩 먹고 알 먹고가 아닌가? 누군가에겐 혐오시설이 누군가에겐 짭짤한 간식 제공처가 되는 셈이다. 문제는 이런 곳이 대한민국에서 인천 서구뿐만은 아니라는 점이다. 필자는 이런 사례가 대한민국 아파트의 서글픈 현실이자 드러나지 않게 곪아 있는 적폐라고 생각한다.

분노하지 말고 무조건 차분하게

아파트 일을 하다보면 정말 화가 나는 일이 많이 생긴다. 어떻게 사람이 이럴 수 있지 싶은 일들이 한두 가지가 아니다. 금수보다도 못한 인간말종의 군상들을 접하게 될 때도 있다. 당연히 분노가 생기고 짜증이 밀려온다.

이럴 때일수록 일단 무조건 차분해져야 한다. 욱하는 마음으로 접근하면 무조건 손해라고 생각하자. 졸지에 가해자와 피해자, 엑스맨파와 정의파가 순식간에 바뀔 수가 있다.

비리를 분명히 저지른 입주자대표회의가 맘에 안 든다고 들어가서 책상을 엎어버리고 종이를 찢어버리면 안 된다. 결국 나쁜 짓 막아보겠다고 뛰어들었는데 모욕죄, 업무방해죄 같은 문제로 본인만 고생하게 된다.

사실 차분해지라는 말은 참 힘든 말이다. 정의로운 사람은 분노도 참 잘한다. 그렇게 분노한 사람들이 아파트 봉사에도 뛰어드니 행동도 과격해진다. 오히려 야비하고 얍씁한 사람들은 뒤에 가서 씹을지언정 앞에서는 화도 잘 안 낸다.

필자도 처음에 이 길에 뛰어든 게 건설사의 참을 수 없는 사기행위에 분노했기 때문이었다. 그러나 분노의 마음을 가지는 것과 그 마음을 행동으로 표출하는 것에는 큰 차이가 있다.

필자가 관리하는 카페나 메일 등을 통해 "이러저러한 일 때문에 오히려 본인이 엑스맨으로 몰려 너무 힘들다."라는 내용의 문의가 많이 들어온다. 끝까지 하다보면 대부분 분노가 앞서 차분하지 못하게 대응한 경우가 많다. 엑스맨들에게 먹이를 주는 셈이다. "한대 쳐봐, 쳐봐!"하고 앞에서 깐죽거리는 사람을 진짜로 한 대 친 것과 같다. 졸지에 나만 가해자가 된다.

정의로운 마음은 미완성 상태다. 대중은 여러분들이 정의로운 마음을 가지고 있는지 그 반대인지 구분하지 못한다. 여러분들이 하는 행동으로 구분한다. 아무리 정의로운 마음으로 시작했어도 욕이 입에 붙어 있고, 무력이 동원되면 그 가치는 인정받기 힘들다. 아주 중요한 내용이다. 화가 날수록 일단 차분하게 접근해야 한다. 정의감이 모든 것을 대변해주지는 않는다.

정치인에게 고함

선거철만 되면 주민들에게 인사하겠다고 어떻게든 모아달라는 부탁 좀 그만해 주시면 좋겠습니다. 사실 선거 끝나면 다시 올 것도 아니잖아요? 풀뿌리 민주주의의 시작이 바로 삶의 터전, 아파트 아니겠습니까? 의원님들 정책 하나 내고 발의하는 것도 하세월입니다. 아파트 문제가 얼마나 심각한지, 고소고발이 왜 끊이지 않고 비리가 날이 갈수록 커지는지 정치하시는 분들이 관심 안 가져주시면 누가 어떻게 하겠습니까? 주민들끼리 적당히 알아서 해결이 될 문제가 아닙니다. 제대로 관심을 가져주세요. 일 하지 않으실 거면 사퇴하세요!

아파트의 상위 기관은 관리당국

관리당국의 구조와 아파트의 운명

입주자대표회의는 공동주택관리법, 동법 시행령, 동법 시행규칙 및 공동주택관리규약 준칙에 의거한 각 아파트별 관리규약의 규정에 따라 운영된다.

이런 설명은 보기만 해도 듣기만 해도 엄청 복잡하게 느껴진다. 그러나 좋든 싫든 이 게임에 뛰어든 이상 룰을 알아야 게임에서 이길 수 있다. 그 룰이 바로 법과 관리규약에 의한 '규정'이다. 물론 동대표를 하기 위해 법과 관리규약을 달달 외울 필요는 없다. 하지만 필요할 때 찾아볼 수는 있어야 한다.

관리당국을 상위기관 순으로 나열하자면, 국토교통부 → 시청 → 구청 순이다. 반대로 말하자면 입주자대표회의와 가장 가까운 단체는 '구청'인 것이다. 아파트 일을 하게 되면 궁금한 것이 있어도 어디에 물어봐야 할지 난감할 때가 많다. 인터넷에서 귀동냥식으로 찾아봐도 상당수의 의견이 상이하여 개인의 주장을 곧이곧대로 믿었다가 낭패를 보는 경우도 많다. 잘 모르거나 확실하지 않은 것은 물어보고 하는 게 장땡이다. 각종 궁금증에 대한 주요 문의처는 다음과 같다.

1. 국토교통부
2. 국토교통부 공동주택관리센터
3. 중앙공동주택관리지원센터
4. 시청
5. 구청

이 관리당국들의 역할은 분명 다르면서도 비슷한 부분이 있다. 크게 구분하자면 국토교통부는 법에 대한 유권해석을 하고, 시청은 관리규약 준칙에 대한 유권해석을 하고, 구청은 아파트별 관리규약에 대한 유권해석 및 준수 여부를 관리한다. 통상의 아파트에서 공동주택 관리법까지 등장해야 하는 경우는 흔치 않기 때문에 주로 아파트별 관리규약을 근거로 업무를 진행하게 된다.

관리규약의 준수 여부를 관리하는 구청이 아파트 일을 하는 사람들에게 가장 중요한 기관이라고 볼 수 있다. 여기서 엄청난 문제들이 발생한다. 사실 구청 내부에서도 공동주택 관리 담당은 소위 '한직'으로 통하며, 통상 가고 싶어하는 자리가 아니다. 주민들 등쌀에 편할 날이 없기 때문이다. 보통은 담당자가 한 사람이므로 이 담당자의 역량에 따라 그 구의 모든 아파트의 운명이 좌우된다.

담당자 하나가 수십여 아파트의 운명을 결정짓는 것이다. 담당자가 또라이면 아파트도 또라이가 되고, 담당자가 지나치게 깐깐하면 동대표들 전부를 피의자로 만들 수도 있는, 극과 극의 복불복 환경인 것이다. 막말로 '스릴 넘친다'고 하지 않을 수 없다. 유경험자 입장에선 아찔할 따름이다.

구청 주택과에서 생긴 일

오랜 기간 입대의 회장을 하다보니 여러 명의 구청 담당자를 만났다. 정말 똑똑하고 합리적인 구청 담당자가 있었던 반면,

어찌 글로 표현조차 하기 어려운 괴상한 담당자도 있었다. 똑똑한 구청 담당자는 나조차 몰랐던 법적 판례까지 설명해주고 합리적으로 정황을 판단하였던 반면, 괴상한 담당자는 거의 조삼모사 같은 논리와 강압적인 태도로 민원인을 응대했다.

구청에는 아파트 관리소장과 입주자대표회의를 감시하고 지도해야 하는 의무가 있다. 학교로 치면 선생님이다. 이들은 지도를 위해 어마어마하게 강력한 무기를 들고 있다. 바로 '과태료' 부과 권한과 '고발' 권한이다. 과태료는 어떤 면에서는 코에 걸면 코걸이, 귀에 걸면 귀고리처럼 활용된다. 구청이 잘못됐다고 하면 잘못된 것이다.

과태료는 호환마마만큼 무섭다

아파트에 부과되는 과태료는 주차위반이나 담배꽁초 무단투기 같은 짓을 해서 나오는 몇만원 수준이 아니다. 적게는 몇백만원에서 많게는 몇천만원까지 부과된다. 아파트 일을 하다가 자칫 과태료 날벼락을 맞을 수도 있다. 극단적으로는 과태료로 끝나지 않고 경찰에 고발되어 피의자 신분으로 조사도 받게 되고 형사 처벌도 받을 수 있다. 물론 잘못하면 과태료 받고 횡령으로 처벌받는 것이야 당연지사이다. 그렇지 않은 경우가 문제이다.

아파트 입대의에 과태료가 부과되면 누가 낼까? 물론 입주민들이 걷어서 내지는 않는다. 아파트 돈으로 일단 낸 후 과태료 부과 대상자에게 구상권을 청구해서 받아내는 방식이다. 그런데 이런 일이 쉬워 보이는가? 그 돈 다 받아내는 데 압류 등의 절차를 위한 관리사무소 행정력이 동원돼야 하며, 부과 대상자가 버틸 경우 몇 년씩 걸리기도 한다. 입주민들에게는 대단한 피해가 아닐 수 없다.

양날의 검을 든 예측불허의 구청 담당자

그토록 강력한 무기를 들고 있는 구청이므로 합리적이고 지식이 풍부한 전문가가 그 자리에서 일을 해야 하는 것이다. 우리는 당연히 공동주택관리법 전문가가 거기 앉아 있을 것이라 생각한다. 실제로는 별로 그렇지 않다. 어찌보면 아예 아무런 관련이 없다. 주택과 공동주택관리 담당자라는 자리는 구청공무원이 된 후 그저 돌고 돌다 걸리는 자리일 뿐이다. 어떤 담당자가 그 자리에 올지는 그야말로 복불복이다. 재수없게도 꼴통(?)이 걸리면 그 구에 사는 모든 아파트는 소위 럭비공 튀듯 방향을 예측 못하는 상황을 맞이하게 된다.

구청 담당자는, 아파트에 있어서만큼은 대통령보다 높은 사람이다. 밖에서 보기엔 구질구질한 민원들이나 처리하는 자리처럼 보일지 몰라도 무소불위의 권력을 가진다. 공문 한 장이면 아파트를 들었다놓을 수도 있다. 아파트에 오는 각종 구청 공문은 어떻게 올까? 담당자가 기안을 하면 주택과 팀장과 건설과장이 결재를 하고 아파트로 날아온다. 공문 하나 하나가 현장에선 정말 중요한 내용들이다. 하라는 것은 해야 하고 하지 말라는 것은 하면 안 된다. 왜냐면? 전술했듯이 과태료가 날아올 수 있기 때문이다.

구청 건설과장 정도가 되면 무슨 내용인지 제대로 읽어보지 않고 결재를 한다. 읽어보는 사람도 있겠지만 필자가 만났던 과장급들은 대게 그렇지 않았다. 직접 찾아가서 항의를 해봐도 건설과장은 본인이 결재했지만 내용이 뭔지 파악도 하지 못하는 경우가 대부분이다. 위에서 이러면 밑으로 갈수록 그 파워가 더 커진다.

구청 실무자가 사리분별이 떨어지면 이들도 결국 엑스맨들의 먹이가 된다. 엑스맨들은 시도 때도 없이 구청에 찾아가 읍소하고 협박(?)하는 것도 마다하지 않는다. 구청 담당자 입장에선 민원인을 오지 못하게 할 방법은 없으니 결국 귀찮아서라도 이들 편에 서게 되는 것이다. 결국 지도 감독 권한이 있는 담당자가 무심하거나 무식하면 엑스맨들을 도와주는 꼴이다.

하늘은 구청 담당자가 돕는 자를 돕는다

필자는 회장 기간 중 총 5명의 구청 담당자를 만났다. 이중 한 명은 정말 똑똑했다. 나머지 세명은 적당한 행정능력을 가진 그저그런 공무원들이었다. 그리고 마지막 한 명은 울트라급 또라이였다. 이 울트라 또라이를 만나지 못했다면 이 책에 구청 담당자 관련된 내용도 별반 쓸 게 없었을지도 모른다.

구청 담당자 한 명이 아파트를 풍비박산 낼 수 있다는 것을 직접 보았다. 필자는 매우 영광(?)스럽게도 구청으로부터 과태료부터 고발까지 모든 것을 다 받아보았다. 대외적으로는 아파트 비리를 선봉에 서서 막아보려는 활동을 하고 있고, 〈아파트에서 살아남기〉의 저자이기까지도 한데, 당시 구청은 사정 없이 과태료를 부과했고 경찰에 고발까지 했다. 결과적으로 과태료는 법원판결로 취소되었고 고발은 내사종결로 우습게 끝났지만 당시에는 정말 미쳐버리는 줄 알았다.

구청 담당자가 횡포를 부리려고 마음을 먹으면 어떻게 되는지 내 눈으로 똑똑히 보았다. 얼마후 그 구청 담당자는 다른 부서로 발령이 났다. 주택과에 근무할 당시에도 제발 다른 곳으로 보내달라고 노래를 불렀던 사람이니 지금쯤은 아마 아무일 없다는 듯이 어디선가 잘 살고 있을 것이다. 나는 이런 공무원들이야말로 적폐 철밥통이며, 사회의 악을 지속 생산

하는 자들이라고 감히 말하련다.

그럼에도 구청은, 투명한 아파트를 만들기 위해서는 정말로 중요한 관리당국이자 단체이다. 이렇게 중요한 기관의 담당자는 제발 좀 뭘 알고 앉아 있었으면 좋겠다. 구청장은 입주자대표회의를 교육하기 전에, 먼저 구청 담당자 교육부터 시키고 적임자를 발령내기 바란다. 제발 부탁드린다. 여러분들도 각자 기도하기 바란다.

민원의 순기능과 역기능

'민원'의 사전적 의미는 다음과 같다.

국민이 행정 기관에 대하여 원하는 바를 신청하는 것으로, 이때의 국민을 민원인이라 하고, 신청하는 내용을 민원 사항이라 하며, 행정 기관이 이를 처리하기 위해 하는 업무를 민원 사무라고 한다.

아파트와 관련해 뭔가 궁금하거나 억울한 일이 생기면 단골로 사용되는 방법도 역시 민원 넣기이다. 권익위원회, 국토교통부, 시청, 구청, 동사무소까지 민원을 넣는 행정기관은 다양하다. 민원을 넣으면 해당 공무원은 정해진 기간 내에 답변을 주는 것의 의무화되어 있기 때문에 문제가 해결이 되든 안 되든 최소한의 답변은 받을 수 있다.

민원은 힘이 세다, 어느 쪽으로든

게다가 대다수의 세대가 거주하는 아파트의 경우 연서(連署)* 에 의한 단체민원도 가능하기 때문에 때로는 매우 강력한 파워를 발휘하기도 한다. 아파트 주위에 유해시설이 들어올 경우 단체민원을 통해 저지할 수도 있는 것이다.

물론 살면서 관공서에 민원 한번 넣어보지 않은 사람도 많겠지만, 어쨌든 아파트 입대의나 관리사무소와 관련 있는 민원은 관공서에 넘치고 넘친다.

"입대의가 주민 몰래 뭘 해먹는 것 같은데 조사해주세요."
"입대의가 관리규약을 안 지키는데 처벌해주세요."
"관리소장이 무단으로 휴가를 사용하니 조치해주세요."
"경비아저씨가 근무시간에 술을 마시고 근무하니 교체해주세요."

---

* 연서 [joint signature, 連署] 연서란 하나의 서류에 2사람 이상이 함께 서명하는 것을 말한다. 세법에서 각종 신고 등에 있어서 연서(連署)로 하도록 규정한 경우에는 그 신고서 등에 신고자와 관계자가 모두 서명날인하여 제출하여야 한다. 세법상 신고 등에 있어 연서하여 제출하여야 하는 경우로는 상속인이 피상속인의 소득에 대한 과세표준확정신고를 하는 때 각 상속인의 연서 등이 있다. [네이버 지식백과]

흔히 이런 것들인데 예전에는 몰라서 그냥 넘어갔거나 귀찮아서 지나치던 일들이 최근엔 언론매체를 통해 상당부분 알려지면서 주민들이 똑똑해지고 부지런해지고 있는 것이다. 아파트 엑스맨들을 척결하기 위해서도 민원을 잘 활용하는 것이 좋다.

엑스맨들도 민원의 힘을 안다

닳고 닳은 프로 엑스맨들은 민원이란 도구를 오히려 본인들의 목적을 달성하는 데 사용하기도 한다. 지독한 놈들이다. 그만큼 민원의 효과와 허점을 잘 알고 있기 때문이다. 억울한 국민들을 위해 만든 제도를 오히려 똥파리들이 효과적으로 활용하기도 한다는 의미다.

예를 들어, 멀쩡한 입대의를 공격하기 위해 구청 민원을 넣고 조사받게 만들고 괴롭힌다. 그러다보면 귀찮음을 견디지 못해 구청에서 실태조사가 나오고 입대의를 탈탈 털기 시작하면 선의로 활동하던 동대표들조차 하나둘씩 떠난다. 그 빈자리에는 똥파리들이 들어간다.

아파트는 이렇게나 취약하다. 이런 일들이 비일비재 하기 때문에 정의구현을 위해 앞에 나선 일꾼들까지 엉뚱하게 당하지 않으려면 민원이란 제도를 잘 이용할 필요가 있다.

민원도 똑똑하게 넣어야 힘이 된다

민원을 잘 넣기 위해선 민원 넣는 방법(질문하는 방법)을 알아야 한다. 장황하게 써봐야 "아파트가 자체적으로 알아서 하라"는 복사해서 붙인 듯한 답변만 받게 된다. 듣고 싶은 답변을 듣는 것과 엉뚱한 답변이 날아오는 것은 질문의 문제에서 비롯된 경우가 많다. 예를 들어본다.

"관리규약 OO조 O항에는 회의 5일 전에 주민에게 회의개최 공고 후 회의를 진행하게 되어 있는데 현 입대의는 주민공고 없이 회의를 진행했으니 시정조치해주세요."

이렇게 민원을 넣으면 구청 담당자는 90%의 확률로 "앞으로 주의하고 반복될 경우 과태료 부과할 수 있다"라는 시정지시를 담은 답변을 내린다. 민원인의 의도대로 답변이 오고 조치가 되는 경우이다. 규정을 들이밀고 규정대로 하지 않았으니 적절한 조치를 해달라는 민원 형식이 가장 깔끔하다. 다른 예를 들어본다.

"우리 아파트 입대의는 주민들하고 소통도 안 하고 지네들 마음대로 결정하고 주민을 무시하니 처벌해주세요."

이렇게 민원을 넣으면 "아파트에서 알아서 하라"는 답변이

온다. 질문이 잘못 되었다. 민원을 넣을 때는 받고 싶은 답변을 명확히 생각한 다음 그 증거를 제시하면서 넣는 것이 효과적이다. 명심하라.

잘 넣은 민원 하나, 열 소송 안 부럽다

민원을 적절하게 활용하면 소송보다도 큰 효과를 얻어낼 수도 있다. 아파트에 관심을 가지다보면 이상한 일들이 보이게 마련이다. 철문을 걸어잠그고 회의하는 입대의, 회의록에 달랑 한 줄만 적혀 있는 공사 의결(공사를 왜 하겠다는 건지, 얼마를 쓰겠다는 건지도 없이 선정된 업체명만 기재되어 있는 식) 등이 되겠다. 약간의 지식이 있다면 이런 과정에서의 절차상 위반 내용을 찾을 수 있다. 이 경우 민원을 넣어 행정기관을 적절히 설득할 수 있다면 기관이 후속업무를 대신해주기도 한다. 이상한 점이 발견되었다 하더라도 전부 개인이 파고들면 구체적인 정황을 파악하기도 어렵다. 대부분의 입주민들은 이상한 것들이 분명히 보이는데 파헤치기 귀찮고 엄두가 나지 않으니 그냥 넘어간다.

수상한 점을 발견한 후 조금이라도 성과를 보려면 모든 걸 직접하려 하지 말고 민원을 이용하여 공무원을 움직이자. 그렇다고 민원 투척자가 되라는 얘긴 아니다. 민원을 밥먹듯이 투척하여 행정업무를 마비시키고 화풀이하는 사람도 있다. 민원 투척자보다는 민원을 활용한 공익대변자가 되어야 한다.

행정기관의 방관

필자는 아파트 비리가 끊이지 않는 이유를 크게 세 가지로 본다. 첫째는 아파트라는 공간에 대해 자치권한을 과도하게 주었기 때문이다. 둘째는 자치할 능력이나 인성이 안 되는 사람들이 나서기 때문이다. 셋째는 무능력하고 무지한 행정기관 때문이다.

간혹 언론과 방송에 전문가라는 사람들이 나와서 입주민들의 무관심 때문에 아파트 비리가 만연하다고 주장하는데 그것은 현상이지 원인이 아니다. 무능력하고 무지한 행정기관(과 담당자)도 엑스맨들이 생기는 이유는 아니다. 이런 행정기관과 담당자들이 만든 환경 때문에 엑스맨들이 쉽게 사라지지 않을 뿐이다.

공무원의 답변은 놀랍도록 뻔하게 반복된다

입주민이 입대의의 횡포와 비리를 참다 못해 구청에 민원을 넣으면, "관리규약에 의거해 아파트 내부적으로 알아서 잘하라"는 답변을 돌려준다. 어이없어서 시청 민원실로 같은 민원을 넣으면 이 민원이 그대로 구청에 하달된다. 그리고 민원인은 같은 답변을 두 번 받는다.

참을 수 없어서 국토교통부로 민원을 넣으면 역시 이 민원이 그대로 구청으로 전달된다. 결국 세 번째 같은 답변을 받는다. 마지막 보루인 국민권익위원회에 민원을 넣으면 역시 그대로 구청을 거쳐, 네 번째 같은 답변을 받고 결국 포기한다. 죽어라 고생해서 잘못된 부분을 찾아 공론화를 시켜도 귀찮아 죽겠다는 담당자에게 걸리면 아무 소용이 없다.

일단 공무원들은 주민들 간의 분쟁에 끼는 것을 극도로 싫어한다. 그렇다보니 주로 선택하는 전략이 강 건너 싸움 구경하기 전략이다. 문제를 해결해야 할 의무가 있는 주체가 어떻게든 안 끼려고 노력하는 이상한 상황이다. 공무원의 단골 답변을 적어본다.

"관리규약대로 하세요."

입대의가 관리규약대로 안 해서 민원을 넣었는데 이런 답변이 온다. "배가 너무 고파요."라고 하니 "밥 먹으세요."라고 말하는 식이다.

"민사로 해결하세요."

귀찮으니 구청에 질의하지 말고 너희들끼리 법으로 알아서 해결하라는 답변이다.

"규정엔 ○○○으로 기재되어 있으나 □□□했으므로 △△△로 하는 것이 합당하다 사료됩니다."

읽고도 무슨 말인지 모르겠으나, 책임질 수 없으니 이 역시 알아서 해결하라는 답변이다.

아파트 일을 좀 해본 대부분의 사람들은 행정기관에 이를 간다. 기관들의 방관, 참으로 무섭게 일관성 있다.

국토교통부의 유권해석은 예방주사다

공동주택관리법에 대한 국토교통부 유권해석은 약 2천개에 달한다. 정말 시간이 펑펑 남아돌 정도로 많지 않고서야 이 많은 해석을 모두 꼼꼼하게 읽어볼 수 있을까? 그러나 동대표 입장에서라면 유권해석 하나에 과태료가 부과되고 안 되고가 결정되기도 한다. 심지어 유권해석 하나에, 아파트의 운명이 엑스맨에게 넘어가느냐 마느냐가 좌우될 때도 있다.

무슨 얘기냐고? 유권해석에 하지 말라고 언급된 것을 모르고 진행해서 문제가 생겼을 경우 해명하기가 참 난감해진다는 것이다. 물론 당연히 몰랐을 것이다. 아는 게 오히려 이상하다. 하지만 프로 엑스맨들은 입대의들이 단골로 실수하는 부분을 이미 깨알같이 알고 있다.

2천여개가 넘는 유권해석을 모두 숙지할 필요는 없지만 결정하기 애매할 때마다 찾아볼 수는 있어야 한다. 키워드 검색을 제공하므로 마음만 먹으면 쉽게 찾을 수 있다. 예를 들어 아파트 외벽에 에어컨 실외기를 설치할 수 있는지 없는지 궁금하면 '에어컨', '실외기' 등으로 검색해보라. 그에 대한 유권해석이 나온다. "2006년 이후 사업계획의 승인을 신청하여 실외기 설치공간이 있는 아파트의 경우 실외기 외부설치가 불가하다."라는 유권해석을 발견한다.

해당 아파트가 2006년 이후 완공된 아파트라면 실외기가 설치되어 있는 경우는 과태료 부과 대상이 될 수도 있다. 아무도 이의를 제기하지 않으면 그냥 대충 넘어가겠지만 누군가 문제를 삼으면 반드시 문제가 된다. 최악의 경우 실외기가 추락하여 인사 사고라도 나면 일은 엄청나게 커진다. 관리사무소는 물론이고 입대의에게도 충분히 불똥이 떨어질 수 있다. 이런 내용을 일반인들이 알 리가 없다.

유권해석 사례들

국토교통부 유권해석은 국토교통부 홈페이지에서 찾아볼 수 있다. 또한 한국아파트신문, 아파트관리신문 홈페이지에서도 확인할 수 있다. 유권해석이라고 하니 뭔가 거창한 느낌이 들고 어려운 법률 용어가 들어 있을 것 같지만 그렇지 않다. 단순히 질문에 대한 공무원의 답변이라고 생각하면 된다. 법원 판례와는 달리 평이한 내용으로 기재되어 있으므로 누구나 쉽게 이해할 수 있다.

필자는 유권해석 검색에 한국아파트신문을 주로 사용했다. 키워드 검색도 지원하기 때문에 빠른 시간 안에 정보를 얻을 수 있다. 예를 들어 회장 해임에 대한 유권해석을 찾고 싶으면 "해임"이라고 검색하면 되고, 관리소장에 대한 유권해석을 찾고 싶으면 "소장"이라고 검색하면 된다. 물론 모든 사안에 대한 유권해석이 있는 것은 아니므로 원하는 정보가 없을 확률도 높다는 것을 감안해야 한다.

국토교통부 유권해석 모음은 모든 민원인에 대한 질의답변을 올려놓은 것이 아니라 중요하다고 생각되는 것들을 발췌한 것이기 때문에 만약 검색 후 원하는 정보가 없다면 직접 국토교통부 민원마당(http://eminwon.molit.go.kr)으로 질의하면 된다. 이렇게 직접 질의할 경우에도 모든 질문에 대한 답을 얻을 수 있는 것은 아니다. 법리적 해석이 필요한 부분은 주로 국토교통부에서 답변하나 통상적인 질의는 구청으로 이관된다.

유권해석은 법원에 가서 판결을 받기 전까지는 거의 가장 강력한 무기이다. 유권해석을 어떻게 활용하느냐에 따라 엑스맨을 단죄하는 데 걸리는 시간을 상당부분 줄일 수 있다. 그저 자신의 생각을 주장하는 것과 내용을 중앙정부가 종이에 써주는 것은 매우 큰 차이가 있음을 명심하자.

무작위로 찾아본 국토교통부 유권해석들을 발췌 소개한다.

입주자대표회의 회의 종료 후 회식(음주 포함)비

Q 해당 공동주택 관리규약에 구체적으로 정하지 않은 상황에서 입주자대표회의 회의 종료 후 회식(음주 포함)을 하는 경우 공동주택관리법 제102조 제2항 제9호로 정한 관리비·사용료와 장충금을 이 법에 따른 용도 외 목적으로 사용한 경우로 볼 수 있는지?

A 공동주택관리법 제90조 제3항에 따르면 입대의 및 관리주체는 관리비·사용료와 장충금을 이 법에 따른 용도 외의 목적으로 사용해서는 안 되도록 규정하고 있으며, 이를 위반할 경우 동법 제102조 제2항 제9호에 따라 1,000만원 이하의 과태료 부과할 수 있습니다. 이는 동법 시행령 제23조 제1항부터 제5항까지 관리비 등을 용도 이외로 사용하거나 장충금을 사용해야 하는 사업에 관리비를 사용하는 경우 등이 이 법에 따른 용도 외의 목적으로 사용한 경우라 판단됩니다. 따라서 귀하의 질의와 같이 입대의 운영경비 중 식비를 사용한 사실만으로는 관리비·사용료와 장충금을 이 법에 따른 용도 외의 목적으로 사용한 경우로 보기 어려운 것으로 판단됩니다. 아울러 법제처 법령해석(13-0194, 2013. 6. 12.)에서 입대의 운영비가 방만하게 편성되거나 집행될 경우 그 금액을 부담하는 입주자 및 사용자에게 예상하지 못한 재산상 손실을 초래할 수 있는 등 입대의 운영경비의 중요성을 고려해 입대의 운영비의 용도 및 사용금액에 대한 핵심적·구체적인 내용을 관리규약에 정해 운영하는 것이 타당한 것으로 해석했습니다. 따라서 입대의 운영경비는 해당 공동주택 관리규약으로 핵심적·구체적으로 정해 사용하는 것이 타당하며, 관리규약에 정해놓지 않은 용도로 사용하는 것은 타당하지 않은 것으로 판단됩니다. 〈국토부 주택건설공급과-2018. 11.〉

찬반 동의를 받을 경우 동, 호수 및 찬성 반대 표기

Q 입주자 등의 의견 수렴을 위해 찬반 동의를 받을 경우 동, 호수 및 찬성 반대 표기가 있는 동의서를 공개할 수 있는지?

A 공동주택관리법 제27조 및 동법 시행령 제28조에 따르면 관리주체는 관리비 등의 징수·보관·예치·집행 등 모든 거래 행위에 관한 장부, 관리비 등의 사업계획 및 예산안, 사업실적서 및 결산서는 입주자 등이 열람을 요구하거나 자기의 비용으로 복사를 요구할 때는 관리규약으로

정하는 바에 따라 이에 응하도록 규정하고 있으나 개인정보보호법 제24조에 따른 고유식별 정보 등 개인의 사생활의 비밀 또는 자유를 침해할 우려가 있는 정보 및 의사결정과정 또는 내부 검토과정에 있는 사항 등으로 공개할 경우 업무의 공정한 수행에 현저한 지장을 초래할 우려가 있는 정보는 비공개할 수 있습니다. 따라서 질의 자료 중 동, 호수, 해당 가구의 의견이 있는 정보를 공개하는 것은 타당하지 않은 것으로 판단됩니다. 〈국토부 주택건설공급과-2018. 8.〉

카페 운영을 위탁·임대

Q 1) 입주자 등을 위해 주민공동시설에 설치한 카페 운영비의 일부를 입주자 등에게 부담하게 할 수 있는지? 2) 카페 운영을 위탁·임대할 수 있는지?

A 1)공동주택관리법 시행령 제14조 제2항 제5호에 따라 입대의 의결로 공용시설물 이용료 부과기준을 정하고 동법 제19조 제1항 제12호에 따라 제23조 제1항부터 제5항(주민공동시설 이용료 포함)까지의 규정에 따른 관리비 등의 가구별 부담액 산정방법, 징수, 보관, 예치 및 사용절차에 대해서는 관리규약으로 정하도록 규정돼 있어 주민공동시설 운영 경비의 부과방법을 결정할 때는 ①관리비로만 부과하는 방법 ②일부 관리비, 일부는 수익자 부담원칙에 따라 시설 이용자에게 이용료로 부과하는 방법 ③시설 이용자에게 이용료로 부과하는 방법 등이 있으며 어떤 방법으로 부과할 것인지는 해당 단지에서 입주자 등의 의견과 제반 여건을 감안해 관리규약에 명확하게 규정해 운영하는 것이 타당하다고 판단됩니다.
2)주민공동시설은 관리주체가 운영해야 하며 공동주택관리법 시행령 제29조에 따라 주민공동시설을 관리주체가 아닌 자에게 위탁·운영할 경우 동법 시행령 제23조 제4항에 따라 주민공동시설의 이용료는 위탁에 따른 수수료 및 관리에 소요되는 비용 등의 범위에서 관리주체가 부과·징수하도록

해 수익창출 등을 금지하는 비영리 운영만을 허용하고 있어 주민공동시설의 일부를 위탁하는 것은 가능하나 임대해 영리목적으로 사용하는 것은 타당하지 않은 것으로 판단됩니다. 〈국토부 주택건설공급과-2018. 6.〉

주민운동시설 유지관리비 중 일정금액을 관리비로 부과할 경우

Q 주민운동시설 유지관리비 중 일정금액을 관리비로 부과할 경우 부담금액에 대해 입주자 등의 과반수 이상의 동의를 받아야 하는지 아니면 입대의 의결만으로 가능한지?

A 주민공동시설 운영경비는 ①관리비로만 부과하는 방법 ②일부는 관리비로 부과하면서 일부는 수익자 부담원칙에 따라 시설 이용자에게 이용료로 부과하는 방법 ③시설 이용자에게 이용료로 부과하는 방법 등이 있으며 어떤 방법으로 부과할 것인지 여부는 해당 단지에서 입주민의 의견과 제반 여건을 감안해 관리규약에 명확하게 규정해 운영하는 것이 타당한 것으로 판단됩니다. 또한 공동주택관리법 제20조 제3항에서 관리규약 개정 방법을 정하고 있으니 보다 구체적인 판단이 필요한 사항은 공동주택관리법 제93조에 따라 당해 공동주택 관리에 대한 지도·감독 권한이 있는 시장·군수·구청장에게 문의하기 바랍니다. 〈국토부 주택건설공급과-2018. 5.〉

[유권해석_사례] 승강기 종합유지보수 계약 체결의 적합 여부

Q 승강기 종합유지보수 계약 체결의 적합 여부

A 승강기 유지관리 용역은 관리비로, 부품교체 공사는 장기수선충당금으로 집행돼야 합니다. 당초 관련 법령상 관리비와 장충금은 징수대상, 지출항목, 집행절차 및 업자 선정 권한이 명확하게 구분돼 있기 때문에 그동안 관리비와 장충금의 지출항목이 동시에 집행되는

형식의 종합계약을 허용하지 않는 것으로 해석해 왔습니다. 그러나 승강기 부품 교체를 위한 경쟁입찰 진행 절차에 장시간이 소요돼 사용자의 안전이 취약해질 우려가 있다는 것이 현실적인 문제로 제기됐습니다. 따라서 승강기 운행정지, 긴급상황 발생 등의 상황에서 승강기 사용자의 안전이 고려될 수 있도록 '안전을 위한 긴급한 경우에 한정'해 '장기수선계획 총론에 긴급을 요하는 부품 교체를 승강기 유지관리용역과 함께 계약해 집행하는 방식을 반영'했다면 이를 허용하는 것으로 해석을 변경했습니다. 다만 장기수선 반영품목 전체를 계약한다거나 승강기 교체공사까지를 포함한다거나 하는 방식의 계약은 관리비와 장충금의 의미와 목적을 다르게 두고 있는 관련 법령의 틀 안에서 여전히 허용될 수 없음을 참고하기 바랍니다. 〈국토부 주택건설공급과-2018. 3.〉

임대주택 관리주체의 업무 범위

Q 임대주택 관리주체의 업무 범위는 어디까지인지?

A 민간임대주택에 관한 특별법 시행령 제41조 제2항 제4호에서는 관리주체의 업무에 관한 사항인 공동주택관리법 제63조를 준용하고 있는 바 동 조 제6호에선 입주자대표회의에서 의결한 사항의 집행을 관리주체의 업무로 정하고 있습니다. 입대의와 임차인대표회의에 관한 법령을 살펴보면 먼저 입대의와 관련해 공동주택관리법 시행령 제14조 제2항에서 입대의 의결사항으로 관리규약 개정의 제안, 관리규약에서 위임한 사항과 그 시행에 필요한 규정의 제정·개정 및 폐지, 공동주택의 관리방법의 제안 등 17개를 의결사항으로 별도로 정하고 있는 반면, 임차인대표회의는 민간임대주택에 관한 특별법 제52조 제3항에서 임대주택 관리규약의 제정 및 개정, 관리비, 임대주택의 공용부분·부대시설 및 복리시설의 유지·보수 등에 관해 임대사업자와 협의할 수 있도록 하고 있습니다. 상기 규정의 취지로

봤을 때 임차인대표회의 의결에 관한 사항은 별도 규정이 없으므로 입대의와 마찬가지로 볼 수 없으며, 임대주택에서는 협의에 관한 사항으로 이해돼야 할 것입니다. 협의에 관해 관리규약 등으로 별도로 정한 바가 있으면 그에 따라 처리하면 될 것으로 사료돼 구체적인 사항은 임대사업자 및 임차인대표회의 등 구성원 간 논의하길 바랍니다. 〈국토부 주택건설공급과-2018. 1.〉

매월 발생하는 수도료 잉여금을 적립했다가 먼저 사용

Q 매월 발생하는 수도료 잉여금을 적립했다가 저수조 청소, 계단 대청소 시 발생하는 공동 수도료로 먼저 사용하고 연간 단위로 남은 금액을 가구 수도료에서 공제해도 되는지?

A 공동주택 관리주체는 입주자 및 사용자가 납부하는 전기료 등을 입주자 및 사용자를 대행해 그 사용료 등을 받을 자에게 납부하고 있는 것이므로(공동주택관리법 제23조 제3항) 개별가구 및 공용부분 사용량 합계에 따라 해당 공급사업자가 부과한 수도료 등에 맞춰 해당 사용료를 입주민에게 부과·징수해야 할 것입니다. 따라서 공동주택에서 납부해야 하는 수도료 등을 초과해 입주자 등에게 징수할 수 없으며 부과체계에 따라 부득이 초과 징수한 경우에는 이를 정산해 환급해야 합니다. 참고로 입주자대표회의 및 관리주체는 관리비·사용료와 장기수선충당금을 이 법에 따른 용도 외의 목적으로 사용해서는 안 된다고 규정(공동주택관리법 제90조 제3항)하고 있습니다. 〈국토부 주택건설공급과-2017. 8.〉

모욕죄로 벌금 100만원의 판결을 받은 경우

Q 모욕죄로 벌금 100만원의 판결을 받은 경우 주택법 제50조 제4항 제5호에 따른 공동주택 관리와 관련한 벌금 100만원 이상에 해당하는지?

A 공동주택 관리와 관련해 벌금 100만원 이상의 형을 선고받은 후 5년이 지나지 않은 사람은 동별 대표자가 될 수 없으며 그 자격을 상실합니다.(주택법 시행령 제50조 제4항 제5호) 이와 관련 '공동주택 관리와 관련한 벌금'이란 주택법 제97조 제14호, 동법 제98조 제6호에서 제12호, 동법 제99조에 따른 벌금 및 관리비 등의 횡령, 업무 방해, 배임 등에 따른 벌금이 해당할 것이며 명예훼손이나 폭력행위, 모욕 등 개인 간에 발생한 일로 인한 벌금은 공동주택 관리와 관련한 벌금에 해당하지 않음을 알려드립니다. 〈국토부 주택건설공급과-2016. 3.〉

전임 입대의가 시행한 공사도 감사의 업무범위에 포함되는지

Q 입주자대표회의 감사의 업무범위 중 전임 입대의에서 시행한 공사 관련 부분도 감사의 업무범위에 포함되는지, 업무범위에 해당하지 않는다면 감사를 거부할 경우 입대의 의결로 감사를 요구할 수 있는지?

A 감사는 관리비·사용료 및 장기수선충당금 등의 부과·징수·지출·보관 등 회계관계업무와 관리업무 전반에 대해 관리주체의 업무를 감사하도록 규정하고 있습니다. (주택법 시행규칙 제21조 제5항) 상기와 같이 감사를 실시하는 경우에는 관리주체로부터 사업실적서 및 결산서를 제출받아 감사한 후 감사보고서를 작성해 입대의와 관리주체에 제출해야 합니다. (주택법 시행규칙 제21조 제6항) 질의의 경우 현실적으로 감사의 임기와 회계연도 및 감사할 수 있는 시기가 일치하지 않는 상황에서 단순히 감사의 임기 내에 일어나는 관리주체의 업무에 한정해 감사를 실시할 수 있다고 본다면 종전의 감사에서 누락된 위법 등을 알게 된다고 하더라도 감사를 하지 못하는 불합리한 결과를 초래할 수 있으므로 주택법 시행규칙 제21조 제6항에 따른 감사의 범위는 해당 감사 임기 내에 일어나는 관리주체의 업무에 한정되는 것은 아님을 알려드립니다. (법제처 법령해석 법령해석총괄과-5059. 2011. 10. 12. 참조) 〈국토부 주택건설공급과-2014. 9.〉

가스사용료 3개월 이상 연체한 동대표 후보자 결격사유

Q 선관위에서 동별 대표자 결격사유 심의 시 가스사용료를 3개월 이상 연체한 후보자에게 결격사유를 적용한 것이 타당한지?

A 주택법 시행령 제58조 제1항부터 제5항까지의 관리비, 사용료 및 장기수선충당금 등을 3개월 이상 연속해 체납한 사람은 동별 대표자가 될 수 없어 그 자격을 상실합니다. (주택법 시행령 제50조 제4항) 질의의 경우 가스사용료는 주택법 제58조 제3항에서 사용료로 규정하고 있으므로 가스사용료를 3개월 이상 연속해 체납할 경우 결격사유에 해당됩니다. 〈국토부 주택건설공급과-2015. 7.〉

주민이 열람·복사를 요구할 수 있는 서류의 범위

Q 주민이 열람·복사를 요구할 수 있는 서류의 범위는 어디까지인지? 입대의 의결과정이 담긴 회의록도 복사해줄 의무가 있는지?

A 주택법 시행령 제55조 제3항에 따라 관리주체는 공동주택의 입주자 등이 제2항에 해당하는 자료(관리비 등과 잡수입의 징수·사용·보관 및 예치에 관한 장부 및 증빙자료)와 동법 시행령 제55조의2(관리비 등의 사업계획 및 예산안 수립 등) 및 제55조의3(관리비 등의 회계감사)에 해당하는 정보의 열람을 청구하거나 자기의 비용으로 복사를 요구하는 때에는 관리규약으로 정하는 바에 따라 이에 응해야 합니다. 다만 개인 사생활의 비밀 또는 자유를 침해할 우려가 있는 정보 및 감사·입찰계약·인사관리·의사결정과정 또는 내부 검토과정에 있는 사항 등으로서 공개될 경우 업무의 공정한 수행에 현저한 지장을 초래할 우려가 있는 정보는 공개하지 않을 수 있습니다(주택법 시행령 제55조 제3항 제1호 및 제2호). 또한 관리주체는 입대의 회의록을 입주자 등이 이의 열람을 청구하거나 자기의 비용으로 복사 요구를 하는 경우에는 관리규약에 정하는 바에 의해 응해야 합니다(주택법 시행령 제51조 제4항). 따라서 질의 내용은 상기 조항을 참고해 귀 공동주택 관리규약에서 정한 바에

따라야 할 것이며 보다 자세한 사항은 공동주택 관리에 관한 지도·감독 권한을 갖고 있는 지자체에 문의하기 바랍니다. 〈국토부 주택건설공급과-4023, 2013. 10. 17.〉

정의로운 사람들이 오히려 힘든 이유

전국의 문제 있는 아파트 관련 상담을 하다보면 공통적인 문의사항들이 많다. 공통적인 문의사항 중의 한 가지가 바로 이것이다.

"정의를 위해 노력하는 사람이 오히려 더 피해를 본다는 것"

실제로 많은 사람들이 이 문제로 고민하고 있다. 결국 이 문제를 해결하지 못해(너무 힘들어서) 포기하는 경우가 많다. 투명한 아파트를 만드는 데 앞장서고 싶은 사람은 그 이유를 알아둬야 한다. 상당히 중요하다.

엑스맨들은 나쁜 행동을 하고도 뻔뻔하게 얼굴 들고 돌아다닌다. 그 반대에 있는 선한 사람들은 이것저것 알아봐야 하고, 해결해야 하고, 오히려 나쁜 사람으로 몰리기도 한다. 결국 그로 인해 인생이 피곤해지는 것이다. 필자는 이것을 범죄자와 형사에 비유해 설명하곤 한다.

범죄자들이 나쁜 짓을 하는 것은 원래부터 쉽다. 그가 길을 가다 마음에 안 들게 생긴 사람을 만났다고 가정해보자. 마침 그날따라 기분까지 안 좋아서 가까이 다가가 한 대 쥐어박고 가는 행동은 아주 쉽다. 마음만 먹으면 당장이라도 가능한 행동이다. 빵집에 가서 빵을 슬쩍 주머니에 넣는다든가, 술을 마시고 운전을 한다든가, 지하철에서 여성들의 사진을 찍는다든가…. 보통 사람이라면 안 하는 일일 뿐, 파렴치한들은 마음만 먹으면 당장이라도 가능한 행동들이다.

피해자는 억울하다. 지나가다 갑자기 맞은 사람도, 빵을 도둑맞은 사람도, 음주운전에 사고를 당한 사람도, 지하철에서 모르는 사람에게 사진을 찍힌 여성도 억울하다. 억울해서 신고하려 고민해본다. 그런데 일단 신고를 결심하는 것부터가 어렵다.

어찌어찌하여 신고를 결심했다 하더라도 신고를 접수하기 위해선 일부러 시간을 내어 경찰서를 방문해야 한다. 정황을 설명하고 문서를 작성하고 증거를 제출해야 한다. 그럼에도 그 신고가 접수될지 안 될지 미지수이다. 접수된 후에도 근방의

CCTV를 일일이 파악해 확인하고 가해자의 정보를 최대한 긁어모아야 한다.

다음으로 의심되는 인물을 실제로 찾아내기 위한 수사관들의 노력이 뒤따른다. 상상만해도 피곤하고 힘든 일이다. 이것이 현실이다. 범죄를 저지르는 것은 쉽지만, 형사가 범죄자를 잡는 것은 매우 어렵다. 흔한 영화만 봐도 범죄자 한 명을 잡기 위해 형사들이 며칠씩 잠복근무를 하지 않는가?

아파트도 다르지 않다. 엑스맨들이 눈먼 주민 돈을 슬쩍 자기 주머니에 넣는 것은 현실적으로 너무나 쉽다. 관리소장, 입대의회장 등 몇 명만 손을 잡으면 나중에야 어찌 되었든 당장 너무나 쉽게 나쁜 짓을 할 수 있다.

반면에 그 나쁜 짓을 찾아내고 잡아내는 일은 정말 지독하게 힘들다. 증거를 찾아야 하고, 왜 그랬는지 해명을 요구해야 하고, 대중에게 알려야 하고, 필요하다면 관계기관에 고발도 해야 한다. 이 와중에 소송에 휘말리기도 한다. 보통은 이 과정을 혈혈단신으로 뛰어들어서 해내야 한다. 게다가 별다른 사전 지식도 없고 권한도 없는 경우가 부지기수이다.

사실 아파트에서 뭐 하나라도 해먹고 떡고물이라도 얻어먹으려는 사람들은 힘들 이유가 하나도 없다. 목적이 명확하기 때문이다. 엑스맨 똥파리들은 거의 직업적인 관점으로 접근하기에 나름대로 이유있는 노력을 하는 것이다. 그들이 뻔뻔한 것은 매우 당연하다. 그 노력(?) 끝에 목적을 달성하게 되면 꿀과 열매가 기다리고 있으니까. 똥파리들에겐 그것이 정당하든 부당하든 중요하지 않다.

엑스맨을 막으려는 사람은 막기 위한 행동 자체로 아파트 내에서 돈키호테가 되어 버린다. 들쑤시고 다니는 이상한 사람이 되는 것이다. 설령 죽을 힘을 다해 막아내더라도 막는 것 자체가 목적이었으므로, 본인에게는 아무것도 돌아오는 것은 없다. 정의의 완성일 뿐. 출발의 목적부터가 다른 것이다. 한쪽은 돈을 위해서 뛰고, 한쪽은 사회정의(공익)를 위해서 뛴다. 전자가 성공하면 돈이 생긴다. 후자는 성공해도 생기는 것은 아무것도 없다.

한탕 해먹기 위한 부류와 그것을 막으려는 부류, 어느 쪽이 더 힘든지는 이래서 명백하다. 정의로운 사람이 힘든 것은 처음부터 당연한 구조다. 아파트의 정상화와 정의와 공익을 위해 싸우는 사람들의 삶이 피곤해지는 것도 당연하다. 심지어 잘못을 바로잡으려는 사람이 엉뚱하게 전과자가 되어 삶이 피폐해지는 일도 적지 않다.

그렇다면 이 싸움을 왜 해야 하나? 시간이 지나 자신의 노력으로 사회가 조금이라도 깨끗해질 때의 가치는 돈으로 환산할 수 없다. 그 가치가 무엇인지는 느껴본 사람만이 알 수 있다. 값지고 뿌듯하고 말할 수 없이 자랑스럽다. 비록 지금은 힘들더라도 이 싸움에서 승자가 된 후 얻게 될 가치가 무엇인지 알기 위해서라도 싸워야 한다. 적어도 나는 그렇게 싸웠다. 그래서 싸웠다.

노인회에게 고함

어르신들, 지자체에서 이런저런 지원 많이 나오는데 아파트에 이것저것 너무 요구하시지 않으셨으면 좋겠습니다. 다 부모 있는 사람들이고 어르신들 공경하려고 노력하지 일부러 무시하지 않습니다. 아파트 정치판에 동원되지 마시고요. 특히 노인회 앞세워서 아파트 이권 차지하려는 엑스맨들 조심하십시오. 어르신들은 나쁜 인간들이 오히려 더 친하게 접근한다는 것 이미 인생의 경험으로 아시잖아요. 무병장수하세요. 유튜브 그만 보시고요.

10동

아파트의 온라인 커뮤니티와 인터넷 정보들

아파트 홈페이지와 네이버 다음 카페

공동주택관리법에서 인정하는 홈페이지는 관리소장이 관리자로 있는 홈페이지이다. 입주민이 만들어 관리자도 입주민인 포털의 인터넷카페는 법적인 공동 커뮤니티는 아니다. 하지만 현실적으로, 관리소장이 관리자로 있는 홈페이지가 활성화되어 있는 아파트는 가물에 콩 나듯 한다. 왜냐? 활성화되어봤자 불만만 많아지고, 결국 관리사무소만 귀찮아지기 때문이다.

오프라인인 거주공간을 기반으로 하는 것이 아파트이지만 실제로 오프라인에서 주민들이 함께 모이는 일은 거의 없다. 간혹 뜻있는 입대의에서 좋은 의도로 진행하는 주민총회 정도가 가끔 모이는 기회의 전부이다. 그러다보니 만날 수 있는 곳은 온라인밖에 없고, 결국 온라인 커뮤니티가 활성화될 수밖에 없다. 특히 입주 전이나 입주 초기의 포털 인터넷카페는 선점 경쟁이 대단하다.

입주자 카페의 주도권 쟁탈전이 벌어지기도 하는데 통상 정말 좋은 의도로 카페를 만든 부류와 주민 여론 장악의 수단으로 카페를 사용하려는 엑스맨 부류가 서로 주도권을 가지기 위해 싸우게 된다. 드물지만 엑스맨 그룹 A와 엑스맨 그룹 B가 서로 본인들이 만든 카페의 정통성을 내세워 세력 대결을 하면서 정치적으로 변질되는 일도 생긴다.

알아두면 유용한 사이트

아파트 일을 하다보면 복잡하고 다양한 정보의 홍수 속에서 헤매게 마련이다. 어떤 정보가 득이 되고 실이 되는지 판단하기 어렵고, 같은 사안에 대해 상반된 판례와 주장도 허다하다. 잘못된 정보가 돌아다니는 경우도 많은데 잘 모르는 사람들 입장에선 이런 정보가 사실이라 굳게 믿고 행동하다 피해를 보는 경우도 많다.

잘못된 정보들의 대부분은 포털에서 발견된다. 아니면 말고 식으로 답변을 달기 때문에 전문성이 심각하게 떨어지나, 너무 쉽게 그 답변을 믿어버린다. 여기에 소개하는 사이트 외에도 사이트가 많겠지만 직접적으로 도움이 될 만한 곳만 압축해서 소개한다. 알아두면 분명히 도움이 될 때가 있을 것이다. 기능이나 역할이 중복되는 경우도 있으니 취향 따라 필요한 내용을 보기 편한 곳에서 확인하면 된다.

k-apt (www.k-apt.go.kr)

국토교통부에서 운영하는 공동주택관리정보시스템이라는 매우 긴 이름을 가지고 있는 사이트이다. 우리 아파트의 관리비 내역이 상대적으로 높은지 낮은지에 대한 수준을 한눈에 볼 수 있다. 전국대비, 지역대비 등 다양한 옵션으로 관리비를 검색할 수 있다. 특히 관리비의 항목별 세부내역도 꼼꼼하게 비교할 수 있다. 이 사이트에 들어가서 인근 단지와 비교만 해봐도 내가 사는 아파트에 큰 구멍이 있는지 없는지 알 수 있다.

중앙공동주택관리지원센터 (myapt.molit.go.kr)

국토교통부에서 운영하는 공동주택관리에 대한 포털 같은 사이트이다. 공동주택관리에 대한 각종 상담에 활용하면 도움이 된다. 아무래도 중앙정부에서 운영하는 사이트라서 다른 민간 카페 같은 곳보다는 정보의 신뢰도가 높다. 다만 모든 사안에 대한 확답을 듣기는 어렵다. (확답을 했다가는 책임질 수 없으므로.) 판례 또는 유권해석이 나온 사례에 대해 질의할 경우 상당히 명쾌한 답을 준다. 입주자대표회의 법정교육에도 사용된다.

중앙공동주택관리분쟁조정위원회 (namc.molit.go.kr)

국토교통부에서 운영하며 중앙공동주택관리지원센터와 유사하나 분쟁조정에 특화되어 있다는 점에서 차별점이 있다. 각종 비리, 리모델링 분쟁, 입대의 분쟁 등에 대한 조언을 얻을 수 있다. 단, 아파트 분쟁을 정말 해결해줄 것이라 기대하면 곤란하다.

한국아파트신문 (www.hapt.co.kr)

신문사이므로 당연히 아파트 관련 기사를 검색하는 데 유용하다. 특히 국토교통부 유권해석과 판례모음 검색에 도움이 된다. 보통사람들이 전혀 겪지 못하던 아파트 문제를 접하게 되면 판례나 유권해석을 찾게 된다. 이 경우 포털사이트에서 찾거나 일반 카페에서 찾으려면 막대한 시간이 소요되며 신뢰도에도 문제가 있다. 이 사이트에선 키워드 검색 기능으로 상당한 시간을 절약할 수 있다. 또한 일반 카페나 블로그에선 판례나 유권해석을 나름대로 변형 해석해놓은 글들(일부분만 발췌하거나 유리한 부분만 발췌)이 많다. 이 경우 오히려 잘못된 정보가 노이즈로 작용하는 경우가 많으므로 여기에서 원문이나 기사를 확인하는 것이 도움이 된다.

아파트관리신문 (www.aptn.co.kr)

한국아파트신문과 기능이 유사하다. 취향에 맞게 선택해서 사용하면 된다. 개인적으로 필자도 이곳의 칼럼을 통해 많은 도움을 받았다.

레벤톤의 아파트에서 살아남기 (cafe.naver.com/aptsurvival)

필자가 운영하는 네이버 카페이다. 앞에서 소개한 여타의 사이트처럼 공신력이 있는 곳은 아니지만 필자와 소통하고 싶은 경우 이 카페에 가입하면 된다. 동병상련을 느끼기에 좋은 곳이기도 하다.

사실 여러분이 여기 소개한 사이트들을 유심히 보게 되는 순간이 온다면 이름모를 엑스맨들을 발견했거나 아파트 분쟁의 소용돌이에 이미 빠져 있는 경우일 것이다. 참 불편하고 웃픈 현실이다. 그래도 아는 게 힘이다.

두 명의 짝퉁(?) 레벤톤

왜 이렇게 골치 아프고 신경 쓰이는 아파트 일을 오래 하느냐는 질문을 참 많이도 받았다. 요즘엔 이 질문이 나올 때마다 상당히 짧게 대답한다.

"운명입니다."

처음에는 이렇게 대답하지 않았다. 애송이 같은 젊은 가장이 주민들 앞에 처음 섰을 때 운명이라고는 손톱만큼도 생각하지 않았다. 공룡 같은 건설사와 싸워서 결국 합의금을 받아낼 때에도 운명이라는 생각은 들지 않았다. 30대에 처음 입주자 대표 회장이 되었을 때에도 운명이라는 생각까지는 하지 않았다.

운명이라고 생각하게 된 계기는 바로 두 명의 '짝퉁 레벤톤'

을 만나게 되면서였다. 이 두 명의 짝퉁 레벤톤 이야기를 해 보려 한다.

첫 번째 짝퉁 레벤톤 이야기이다. 첫 만남부터 참으로 정겹게 필자에게 다가왔다. 근엄한 표정에 친근한 말투, 넘치는 지식으로 무장한 사람이었다. 당연히 나보다는 이 사람이 리더가 되어야 한다고, 그럴 자격이 있다고 생각했다.

아는 것이 많았고, 매사에 자신이 있어 보였다. 그럼에도 불구하고 본인이 직접 나서지 않고 리더의 자리를 항상 필자에게 권유(또는 양보)했다. 결국 필자는 아파트의 회장이 되었다.

그리고…. 이 짝퉁 레벤톤에게 제대로 뒤통수를 얻어맞았다. 황당한 요구를 늘어놓기 시작한 것이었다. 이걸 해달라, 저걸 해달라…. 급기야 아파트를 이용해 돈을 좀 벌게 해달라는 요구까지 했다. 한마디로 내가 빙다리 핫바지 회장이 될 처지에 놓인 것이다.

지금도 썩 좋다고 할 수 없지만 30대 후반이었던 필자의 사람 보는 능력은 100점 만점에 30점 이상을 줄 수 없었다. 아파트 내에서 필자의 유명세(?)를 등에 업고 돈을 벌어보려는 이 짝퉁 레벤톤을 바로 눈앞에 두고도 알아보지 못한 것이었다.

필자는 대왕똥파리의 존재 자체에 경악을 했다. 그리고 아주 완벽한 적이 되었다. 그후 어떻게 되었을 것 같은가? 이 첫 번째 짝퉁 레벤톤과의 분쟁 때문에 입대의 4년이란 기간을 경찰서 끌려다니고, 구청 민원 답변하느라 다 써버렸다.

아파트 주민을 위해 써야 할 시간을 똥파리떼 공격 막는 데 날린 것이다. (똥파리떼라고 표현한 이유는 이 대왕똥파리가 따까리 똥파리들을 붙이고 다녔기 때문이다.) 지금도 필자는 이 모든 고통과 시간낭비들이 '나에게 접근하는 사람의 진의(속셈)를 알아보지 못했던 대가'였다고 생각한다. 아이러니하지만 이 길이 나의 운명이라고 생각하게 된 첫 번째 만남이었다.

두 번째 짝퉁 레벤톤 이야기이다. 두 번째 주인공은 처음 볼 때부터 필자를 달갑게 생각하지 않았다. 나에게 독설을 날리기도 했고, 비판도 서슴지 않았다. 잘 알지도 못하는 사람에게 날카로운 비판을 받는 것이 썩 유쾌하지만은 않았다. 결국 어떤 계기를 통해 오해가 겨우 풀렸지만 늘 촌철살인으로 필자의 마음을 후벼팠던 사람이다.

이분은 대한민국 사람이라면 이름만 대도 알 수 있는 유명한 대학병원의 의사이자 교수이다. (굳이 직업을 기재한 이유는 듣기만 해도 바쁠 것 같은 느낌이 드는 직업이기 때문이다.) 그런데 이런 분이 자원해서 자신이 사는 아파트의 입대의 회장이 되었다. 그는 그 이유가 필자 때문이라고 했다.

'짝퉁 레벤톤'이라는 표현은 사실 이분의 글에서 빌려온 것이다. 이분은 본인의 글에 '짝퉁 레벤톤'이라는 표현을 자주 쓴다. 레벤톤처럼 엑스맨들과 싸우니까, 흉내내는 짝퉁이라는 의미에서 지나치게 겸손하게 말씀하신 표현이다. 그런데 일명, (자칭) 짝퉁 레벤톤이 회장으로 있는 아파트는 어떻게 되었을까? 정말 눈물 날 정도로 필자가 소망했던 정상적인 아파트가 되었다.

필자가 첫 번째 짝퉁 레벤톤의 고소를 받아낼 시기에, 두 번째 짝퉁 레벤톤은 자신이 회장으로 있는 아파트 주민을 위해 뛰었다. 필자도 멀리서나마 그 아파트가 변화하는 4년을 지켜보았다. 그곳의 관리소장과 회장은 믿음과 존경의 관계가 되었으며, 주민들은 입대의를 신뢰하고 입대의는 주민들을 두려워했다.

그곳에 사는 분들은, 아파트에서 살기 때문에 받을 수 있는 모든 혜택을 누리며 살아간다. 그 아파트에 사는 입주민들은 지독하게도 운이 좋은 사람들이다. 다 기재할 수 없지만 정말 투명하고 살기 좋은 아파트의 끝판왕을 보여준다.

아! 정말 억울하기 짝이없다. 세상은 불공평하다. 원조 레벤톤은 경찰서에나 끌려다니면서 조서나 쓰고 있었는데, 그 사이 자칭 '짝퉁 레벤톤'은 내가 꿈꿔왔던 이상을 실현해버렸다. 이 길이 나의 운명이라고 생각하게 된 두 번째 만남이었다.

처음엔 모르고 만났지만 대왕똥파리 엑스맨으로 밝혀진 자를 내 손으로 척결해냈고, 그 다음에는 진품보다 더 진품같이 빛나는 짝퉁 레벤톤이 나로 인해 탄생했으니 그것만으로도 내가 뛰어야 할 가치는 충분했다. 그것이 "내가 만든 내 운명이다"라고 생각하며 여기까지 왔다.

검사에게 고함

검사님들, 아파트 관련 사건은 웬만하면 무혐의 처분하시는 것 잘 압니다. 전과자 양성을 막기 위한 것임도 충분히 잘 알고 있습니다. 그런데 정말 악의적인 나쁜 인간들 전부 공익이라는 이유로 무혐의 처분 내려버리면 정의파는 무슨 희망으로 이 일을 하겠습니까? 사실 살인범, 강간범, 마약사범 등 온갖 흉악범들에 비하면 작고 별것 아닌 사건들이겠지요. 이런 작고 별것 아닌 일들로 정말 많은 사람들이 전국적으로 고통받고 있습니다. 아파트 분쟁 솜방망이 처벌, 언제까지 지속하실 건가요?

11동

아파트 관리비라는 고인 물

관리비의 항목들

입주민의 전형적인 특성답게, 아파트 돌아가는 일에 아무 관심이 없는 사람들도 유일하게 관심을 가지는 게 바로 관리비다. 당장 내 주머니에서 나가는 돈이기 때문이다. 관리비 명세서는 여러 방법으로 확인할 수 있다. 통상 종이에 인쇄해서 우편으로 배달되지만 온라인 확인 서비스를 제공하는 곳도 있다.

매달 날아오는 관리비 명세서지만 세부 내용을 꼼꼼하게 보는 경우는 그리 많지 않은 것 같다. 용어도 낯설고 사실 어렵진 않지만 봐도 머리만 아픈 내용이 숫자와 함께 빽빽하게 담겨 있기 때문이다.

아파트에 산다면 최소한 관리비 명세서를 보고 이해할 수는 있어야 한다. 살고 있는 아파트의 관리비가 높은지 낮은지, 높다면 왜 높고 낮다면 왜 낮은지 알게 만드는 기본적 지식이다. 관리비 명세서는 통상 이런 식으로 분류된다.

1. 공용관리비
- 일반관리비
  * 인건비 : 급여, 제수당, 상여금, 퇴직금, 산재보험료, 고용보험료, 국민연금, 건강보험료, 식대 등 복리후생비
  * 제사무비 : 일반사무용품비, 도서인쇄비, 여비교통비
  * 제세공과금 : 공과금중 전기료, 통신료, 우편료, 제세공과금 등
  * 피복비
  * 교육훈련비
  * 차량유지비 : 연료비, 수리비, 보험료, 기타차량유지비
  * 그밖의부대비용 : 관리용품구입비, 전문가자문비, 잡비
- 청소비
- 경비비
- 소독비
- 승강기유지비
- 지능형홈네트워크설비유지비
- 수선유지비
  * 수선비
  * 시설유지비
  * 안전점검비
  * 재해예방비
- 위탁관리수수료

2. 개별사용료

- 난방비(공용/전용)
- 급탕비(공용/전용)
- 가스사용료(공용/전용)
- 전기료(공용/전용)
- 수도료(공용/전용)
- 정화조오물수수료
- 생활폐기물수수료
- 입주자대표회의 운영비
- 건물보험료
- 선거관리위원회 운영비

3. 장기수선충당금 월부과액
4. 잡수입

항목만 보면 다양하고 복잡해보이지만 몇 가지만 알아두면 아주 쉬운 내용이다. 공용관리비란 아파트 유지를 위해 공동으로 사용한 비용 전부이다. 내가 쓰지 않았어도 아파트에 산다면 무조건 내야 하는 비용이다. 개별사용료란 내가 실제 사용한 비용으로 실제 사용한 만큼 부과된다. (물론 그렇지 않은 경우도 있다.) 장기수선충당금은 아파트가 노후화됨에 따라 큰 공사가 필요할 것을 예상하여 미리 축적해두는 비용이다. 잡수입은 아파트를 운영하며 생기는 수입에 대한 항목이다.

우리의 엑스맨 선수들은 어떤 항목을 우선 건드리는지(?) 생각해보자. 이것은 간단하다. 바로 장기수선충당금이다. 예를 들어 매월 2만원씩 장기수선충당금을 부과한다고 치면 일년이면 24만원이 된다. 2천 세대 아파트라면 연간 약 5억원이 축적되고 5년 정도 모으면 25억원이 된다. 이런 목돈이 바로 먹잇감이다. 쌓여 있는 장기수선충당금이 백억대를 넘는 아파트들도 있다. 이런 아파트는 '장기수선충당금 쟁탈전'이 벌어질 수밖에 없다.

수십억에 달하는 돈이 있고, 주민들은 얼마가 모여 있는지 관심조차 없다면 한탕 해먹기에 이보다 더 좋은 조건이 어디 있을까? 엑스맨들이 군침을 흘리는 것이 하나도 이상해보이진 않는다. 보통사람인 입주민들의 무관심과 무지가 그들의 배를 채워주는 셈이다.

그렇다, 장기수선충당금이 문제다

장기수선충당금이란 아파트의 노후화에 따른 주요 시설을 교체하거나 보수하는 데 쓰기 위해 적립해놓는 돈이다. 그 충당금을 사용하기 위한 사전 계획이 장기수선계획이다. 해당 아파트 공용부분의 내구연한을 감안하여 요율을 관리규약으로 정하고 적립금액은 장기수선계획에서 정한다. 미래에 어떤 일이 벌어질지 모르므로 예방차원에서 모아두는 것이다.

나중에 한 번에 내라고 하면 부담이 될 것이고 누군가는 못

낸다고 뒤로 자빠질 것이니 미리 모아두는 것은 합리적이다. 만약 미리 모아두지 않고 나중에 이런 돈을 집집마다 받아내는 것은 상상만 해봐도 불가능에 가깝다는 것을 알 수 있다. 아주 많은 아파트에서 장기수선충당금이 문제가 되는데 크게 보면 세 가지 유형이다.

첫째, 장기수선계획을 무시하고(장기수선계획에 없는 내용으로) 장기수선충당금을 집행하는 경우이다. 의도적이든 무지해서든 걸리면 거의 관용 없이 과태료가 나온다.

둘째, 장기수선충당금으로 공사를 하고 리베이트를 수령하는 경우이다. 쉽게 말해 관련자의 횡령이다. 처벌은 두 말 할 것도 없다.

셋째, 장기수선충당금을 지나치게 많이 모아놓은 경우이다. 혼돈의 도가니탕으로 빠지는 전초전이라고 보면 된다.

장기수선충당금과 관련하여 아파트마다 너무나 많은 문제가 생기니 관리당국은 이 항목을 꼼꼼히 관리하는 편이다. 물론 작정하고 해먹으면 아무리 관리한다고 해도 쉽게 잡아낼 수 있을까만 일단 문제가 발견되면 무관용 처벌을 하는 추세이다. 관리비 항목 중에 그만큼 엄중한 비용항목이라 하겠다.

장기수선충당금은 매월 어느 정도를 걷어야 합리적이고 합당할까? 딱히 구체적으로 정해진 것은 없다. 한 달에 가구당 1천원을 걷는 아파트도 있고 5만원을 걷는 아파트도 있다. 새로 생긴 아파트의 경우 장기수선충당금의 사용은 아주 먼 미래의 일이다. (전부 '새거'라 보수할 시설이 거의 없으므로.)

신축 아파트는 최소 몇 년간은 사용하려야 사용할 곳이 없으므로 대부분 그대로 쌓이게 되어 있다. 신축한 지 얼마 안 된 아파트에서 장기수선충당금을 몇 만원씩 걷는다면 일단 좀 뭔가 이상한 것이다. 의심을 한다 해도 하나도 이상하지 않은 정황이다.

반대로 오래된 아파트인데 너무 적게 걷는다면 그것도 이상한 것이다. 그럼 안 걷어도 되는 것인가? 그렇지 않다. 의무적으로 무조건 걷어야 한다. 관리규약에서 정해진 요율대로 안 걷으면 구청에서 과태료를 부과한다.

많이 걷어두면 나중에 큰돈이 필요할 때 유용하게 집행할 수 있으므로 좋을 수도 있겠다. 그런데 그 돈은 결국 입주민 주머니에서 매달 빠져나와 모여 있는 돈이다. 몇 년만 모여도 수억을 거뜬히 넘는다. 이런 게 바로 아파트의 똥이다. 똥이 쌓이면 똥파리가 꼬인다.

어느 아파트에 장기수선충당금이 얼마나 적립되어 있는지 어떻게 알 수 있을까? 앞에서도 소개한, 국토교통부가 운영하는 공동주택관리정보시스템 k-apt 사이트를 통해 얼마든지 확인이 가능하다. 그래서 엑스맨 선수들은 장기수선충당금이 많이 쌓여있는 아파트로 사이좋게 모이는 것이다. 장기수선충당금이 수십억씩 쌓여 있는 아파트는 똥파리 같은 엑스맨들의 아주 좋은 먹잇감이다.

똥파리들이 똥을 보고 입성한 후 어떤 일이 일어날지는 안 봐도 비디오, 너무나 뻔하다. 그들은 입대의에 나가서 오만 가지 공사를 해댄다. 물론 아무 공사나 할 수는 없다. 장기수선계획에서 정한 공사만을 해야 한다. 장기수선계획은 누가 세우나? 이것도 결국 관리사무소에서 작업하고 입대의가 의결로 정한다. 엑스맨 선수가 들어오면 저 큰돈의 행방이 묘연해지며 눈먼 돈으로 변신할 수 있다.

또 한 가지 중요한 사항이 있다. 장기수선충당금은 기본적으로 집주인(소유자)이 내야 하는 비용이다. 관리비에 합쳐서 나오므로 일단 세입자가 편의상 먼저 내는 것이다. 이사갈 때 세입자는 집주인에게 되찾아가는 것이 관례이다. 의외로 모르는 사람이 상당히 많다. 몇년 동안 대납한 금액을 합치면 적지 않으므로 기억해두도록 하자. 세입자도, 집주인도.

아파트 비리 발견 후, 훌리건과 정의파를 구분짓는 한끗 차이

아파트 비리와 관련된 분쟁의 상황에서 이유여하를 막론하고 필패를 전담하고 있는 사람들이 있는데, 필자는 그 사람들을 아파트 훌리건이라고 이름 붙이고 싶다. 사전적 의미로 보자면야 훌리건은 흥분을 잘하고 때로는 난동까지도 일삼는 스포츠 광팬 정도로 생각할 수 있지만 아파트의 경우는 조금 다르다.

아파트에서 훌리건의 탄생은 특정인의 특정 비리를 발견하는 순간에 찾아온다. 최초 발견자가 누군가의 사익추구의 현장을 목격하거나 결정적인 물증 등을 보게 되었을 때 분노와 흥분, 그리고 정의감을 도저히 억누를 수가 없게 된다. 잘못된 것을 잘못됐다고 말하는 데 거리낌을 가질 이유가 무엇이랴.

하지만 그 흥분 그대로 그 일을 주위에 공개하고(까발린다는 말이 정확할지도) 요란을 떠는 순간, 일은 꼬이기 시작할 것이다. 정의파로서 당당하게 비리를 고발했지만 사소한(?) 일로 주변을 시끄럽게 만드는 훌리건 취급을 받기 쉽다. 이러한 사례는 수도 없이 많아서 조금 과장하면 필자가 알고 있는 것만으로도 미니시리즈 드라마를 제작할 수 있을 정도다.

최초 발견자가 어떻게 훌리건의 나락으로 떨어지지 않고 정의파로서 그 문제를 해결할 수 있을까? 그것은 다음 세 가지에 달렸다.

1. 정의파는 흥분해선 안 된다. 흥분하지 말자. 절대로 감정을 앞세워서는 안 된다. 일단 차분하게 상황을 바라보는 것이 중요하다.

2. 정의파는 혼자 싸워선 안 된다. 싸우지 말자. 어떤 싸움이든 '독고다이'는 필패로 가는 지름길이다. 나와 비슷한 동지를 만들고, 아군을 확보하기 전에는 엑스맨에게 움직임을 보여선 안 된다.

3. 정의파는 응징이 목표로 싸우는 사람이 아니다. 정의파는 공익을 추구하는 사람이다. 공익이 응징보다 우선이다. 누군가를 처벌하거나 복수하거나 끝장내는 일을 하는 것은 매우

위험하기도 할 뿐더러 쉽게 할 수도 없다.

엑스맨을 퇴치하는 것은 결코 쉽지 않다. 그러나 공익의 관점에서라면 얼마든지 성과를 이끌어낼 가능성이 높다. 무엇을 하든 공익이라는 프레임을 짜놓고 실행할 때 정의파는 절대 무너지지 않는다는 점을 강조하고 싶다.

아파트 비리 발견 시 행동강령

통상 아파트에서 누군가의 비리를 발견하거나 충분히 의심할 만한 정황을 보게 되면 이런 생각을 한다.

'그런데 이제 뭘 해야 하지?'

필자에게는 인터넷 쪽지로 개별 상담이 많이 들어온다. 하루는 모 아파트의 비상대책위원장이란 분이 상담을 요청했다. 내용을 들어보니 지방의 어린이집이 수도권 아파트의 어린이집 운영자로 낙찰되었는데 그 과정에서 충분히 의심할 만한 일이 일어났다는 것이다.

입찰자, 계약자, 운영자가 동일인이어야 한다는 규정(실제 운영할 운영주만 입찰하라는 의미)을 어겼고 낙찰을 위해 거액의 뒷돈이 오갔다는 소문이 무성했으며 타 지역에서 이중운영하는 사실이 적발되어 한 곳은 폐쇄한 상태였다. 필자가 들어봐도 의구심이 들 수밖에 없는 어린이집 낙찰이었다.

상담 요청자의 고민은 "막상 어떻게 해야 하나?"는 것이었다. 대부분의 경우 비리를 발견하면 정의감과 분노심에 활활 불타올라 적진에 돈키호테처럼 뛰어들어 장렬하게 전사하는 경우가 많다. 그러면 곧 정의구현은 꽃도 피기 전에 게임오버가 된다.

그래서 나는 웬만한 경우에도 다 적용될 수 있는 정의파 행동강령을 제안하고자 한다. 독자 여러분들도 반드시 기억하기 바란다.

1. 일단 적들의 세를 파악하라

시간이 좀 들더라도 상대방 엑스맨들의 머리와 팔다리를 구분해서 파악해야 한다. 지시를 내리는 사람(머리 역할)은 통상 한 명, 많아야 두 명에 불과하다. 호위무사 역할을 하는 팔다리 세력은 어느 정도인지, 그들이 묻지마 외골수인지 나름 중립적인 사람인지 아울러 살펴보라. 머리(즉 엑스맨 지도부)를 공격할 전략과 팔다리(엑스맨 옹호 세력)를 공격할 전략을 따로 구사해야 한다. 짐작만으로 모두를 한 덩어리로 취급하며 공격하는 우를 범하면 안 된다. 적의 팔다리 역할을 하고 있는

(그렇게 짐작되는) 사람들이 알고보면 의외로 합리적이며 중도적인 경우도 많기 때문이다. 어설프게 때리면 엑스맨 조직이 오히려 단단해지는 역효과가 나온다.

2. 함께할 나의 편을 규합하라

정의파가 아무리 좋은 의도와 열정을 가지고 있어도 혼자 해낼 수 있는 일은 별로 없다. 아파트 일은 특히 그렇다. 정의를 위해 나와 함께 뛰어줄 동료가 반드시 필요하다. 프로 엑스맨이 자신의 뜻을 이루기 위해 '꼬붕'을 만들며 노력하듯이 정의파도 우호적인 주민의 '쪽수' 확보가 중요하다. 혼자서 선관위에 동대표 몇 자리까지 한 번에 할 수는 없기 때문이다. 함께하는 사람은 처음엔 한 명도 좋고 두 명도 좋다. 다섯 명이 되면 정말 해볼 만해진다. 만약 정의파 열 명을 모을 수 있다면 대한민국 어떤 아파트에서도 엑스맨을 몰아낼 수 있다(고 나는 확신한다). 단, 함께하겠다고 나서는 사람들에게 너무 많은 기대를 하면 곤란하다. 처음엔 의욕이 앞서 함께하겠다고 나섰다가 중도에 포기하는 사람들이 의외로 많기 때문이다. 생업이 바빠서, 배우자가 반대해서, 뒤로 물러나는 사람이 생긴다면 그저 격려와 함께 보내주는 것이 옳다. 그나마 잠깐이라도 정의감에 불탔던 사람이니 곁에서 조용히 응원해 줄 것이다. 계속 함께 싸우지 않는다 해서 그와 서운한 관계를 만들어서 좋을 것이 없다.

3. 이이제이 전략을 활용하라

이이제이(以夷制夷)는 오랑캐로 다른 오랑캐를 제압한다는 뜻의 사자성어다. 정의파가 엑스맨과의 싸움에서 명심해야 할 교훈이기도 하다. 엑스맨 세력은 이권을 위해 규합된 단체이기 때문에 이권에 민감하다. 이해관계로 얽혀 있는 조직은 이해관계에 금이 가면 의외로 쉽게 붕괴된다. 이것은 매우 중요한 포인트다. 이들은 (사실상) 서로를 믿지 않기 때문에 그 지점에 약간의 균열을 만들면 자기네들끼리 서로 알아서 물고 뜯는다. 외부에서 강한 공격을 하면 오히려 똘똘 뭉쳐 행동하지만 약간의 자극일지라도 내부 갈등을 조장하면 취약하기 짝이 없는 조직이 된다. 특히 엑스맨에게 홀려 하수인 역할을 하고 있던 사람이 나중에 본인이 이용당했다는 사실을 알게 되면 갈등은 커질 수밖에 없다. 프로 엑스맨은 매번 부려먹던 얼치기 엑스맨의 '배신'을 가장 두려워 한다는 것을 명심하라.

4. 증거를 차곡차곡 모아라

어떤 경우에도 엑스맨과 싸우는 정의파에게 종이로 된 증거는 중요하다. 단순히 의심이 된다거나 어디서 들었다거나 왠지 이상하다거나 하는 것은 아무짝에도 소용이 없다. 아무도 우리 아파트 문제를 대신 파헤쳐서 해결해주지 않는다. 증거가 될 수도 있는 그 종이 자료들만이 싸움을 승리로 이끌어줄 것이다. 참고로 필자는 10년이 넘은 자료들까지 모두 박스 몇 개에 보관하고 있다. 그 박스 안에 무엇이 들어 있는지도 잘 기억 안 나는 시간이 지났지만 필요한 증거자료라면 무엇이든 그 박스 안에 다 들어 있다는 것만은 안다.

동대표에게 고함

동대표는 감투가 아닙니다. 손만 들면 아무나 되는 자리이니 제발 본인들이 특출나서 그 자리에 앉아 있다고 생각은 하지 말아주십시오. 본인들에게 머리 조아리는 사람들이 주위에 많다면 당신이 잘나서가 아니라 당신이 그런 행동을 유도하기 때문일 겁니다. 임기 4년 금방 갑니다. 그 뒤에 새로 구성될 동대표들에게 거꾸로 안 당하려면 제발 상식이 아닌 규정대로 하십시오. 모르는 것은 배워서 알고 해야 합니다. 제발 갑질하지 마시고요.

아파트 회계감사는 비지떡

감사인듯 감사 아닌 아파트 회계감사

아파트 분쟁이 날로 심각해짐에 따라 일정규모 이상의 아파트에선 회계감사를 매년 의무적으로 받도록 규정하기에 이르렀다. 아파트 회계감사란 외부 공인회계사를 통해 아파트 회계의 투명성을 검증받는 것이다. 좋은 의도로 만들어진 규정임에는 틀림없어 보인다. 공동주택 관리법에 회계감사의 기준은 다음과 같이 되어 있다.

300세대 이상인 공동주택의 관리주체는 주식회사의 외부감사에 관한 법률에 따른 감사인의 회계감사를 매년 1회 이상

받아야 한다. 300세대 미만인 공동주택으로서 의무관리대상 공동주택의 관리주체는 다음의 어느 하나에 해당하는 경우 감사인의 회계감사를 받아야 한다.

1. 입주자등의 10분의 1 이상이 연서하여 요구한 경우
2. 입주자대표회의가 의결하여 요구한 경우

회계감사를 받는 이유는 무엇일까? 당연히 정해진 절차대로 비용을 걷어 정해진 절차대로 사용되었는지를 확인하는 것이다. 필자의 경험상으로 보면, 현재의 아파트 외부 회계감사 시스템으로는 회계사들의 부업이 될지언정 아파트 투명화에 미치는 영향은 크지 않다고 확신한다. 다시 말해 회계감사에서 적정 의견이 나왔다고 해서 그 아파트가 투명하다고 보기는 어렵다는 얘기이다.

감사가 제대로 이루어지기 힘든 시스템

적게는 수십만원에서 수백만원 정도에 불과한 재무제표 감사로는 사실상 거의 어떤 비리도 찾을 수 없다. 회계법인 간의 유치 경쟁이 붙어 소위 껍데기만 들여다보는 덤핑형 회계감사도 횡행한다. 극단적으로 어디에 무슨 돈을 썼건 재무제표상 차변 대변 수치만 맞으면 적정의견이 나온다.

상식적으로 생각해보라. 백만원도 안 되는 돈을 받아가며 생전 처음보는 아파트에 가서 무슨 회계감사를 제대로 하겠는가? 이런 날림형 회계감사의 "적정" 의견은 오히려 엑스맨들에게 면죄부만 달아주는 꼴이 된다. 테러범을 잡으라고 투입시켰더니 오히려 범인에게 총을 주고 나오는 꼴이다.

외부 회계법인에 위탁하여 제대로 된 세부감사에 들어가기 위해선 최소 천만원에서 수천만원까지의 비용이 든다. 정상적인 세부감사에는 공인회계사를 포함한 전문인력 수 명이 투입되어 몇 주간의 시간이 걸린다. 투입되는 인력들 인건비만 계산해봐도 저 정도 금액이 나와야 제대로 된 감사를 할 수 있는 것이다.

우리나라에 아파트만 1만개가 넘는다. 1만개를 2주일씩 감사할 만큼의 회계법인도 없을 뿐더러, 이렇게 한다면 대한민국의 회계법인은 아파트 회계감사만 해야 할 것이다. 또한 회계감사에 이렇게 큰 돈을 낼 아파트는 별로 없다. 설령 있다고 하더라도 감사의 결과가 반드시 긍정적일 것이라 기대하기 어렵기 때문에 집행 가능성이 높지 않다. (큰돈을 들여서 주민돈으로 외부 회계감사를 진행했는데 딱히 비리를 적발해내지 못하면 민망함을 넘어 주민들에게 설명하기도 어렵다.)

입대의에게 돈을 받으며 입대의 잘못을 캐라고?

또한 광의의 개념에서 보자면 회계감사 주체는 아파트에서 선정하고 의뢰한 사업자이다. 회계법인이 아주 칼같이 잘못된 점을 찾아낼 필요가 없다는 의미이다. 본인들을 선정한 입대의를 탈탈 털어내면 그 입대의가 내년에 본인들을 또 써주겠는가? 간혹 정의에 불타는 회계사가 투입되어 원칙대로 잘잘못을 가리는 경우도 있다. 이런 경우엔 여지없이 엑스맨이 등장하여 방해작전을 펼친다.

회계사 감사보고서는 아파트에서 비용을 내는 것과는 전혀 무관하게 전적으로 회계사의 권한이자 의무이다. 그러나 그대로 나갔다간 본인들 잘못이 모두 까발려지는데 가만히 있겠는가? 회계사에 대한 회유와 협박까지 자연스럽게 뒤따른다. 이런 사유로 아파트 회계감사는 대부분 요식행위에 불과한 경우가 많다.

개인적으로 필자는 왜 회계감사를 아파트 자체적으로 하라고 정해놨는지 의문이 든다. 돈 많은 아파트는 제대로 된 감사를 받고 돈 없는 아파트는 덤핑 감사를 받으라는 것과 다를 바가 없다. 매년 받으라고 해놓았으니 과태료를 피하기 위해 받긴 받아야 되고, 낮은 비용의 회계사를 찾다보니 갈수록 감사 품질은 떨어진다. 악순환이 반복되는 것이다. 또한 매년 연말에 아파트 회계감사 마감이 폭주하므로 연말이 되면 한가한 회계사무소를 찾아야 하는 일도 벌어진다.

자체적으로 할 일이 따로 있지 이건 아니다

아파트 회계감사는 전문성이 있는 국가 단체에서 의무적으로 나와야 한다. 매년 받는 게 아니라 2년에 한 번, 3년에 한 번이라도 좋다. 주민들에게 알아서 하라고 하지 말고 정기적으로 공신력 있는 단체에서 나와, 어떤 외압도 없는 상태에서 제대로 회계감사를 해야 아파트 비리가 잡힌다는 것이 필자의 의견이다.

필자가 살던 아파트에도 회계감사에서 별다른 문제가 없던 기간에 10여 명에 달하는 전문가들로 구성된 합동 감사가 나온 후 많은 비리들이 적발된 사례가 있었다. 물론 주민들 비용도 들어가지 않았다. 결과적으로 필자를 탈탈 털어달라며 필자를 싫어하는 엑스맨 무리들이 모셔온(?) 외부감사였는데 오히려 본인들이 탈탈 털렸다. 물론 이런 경우가 흔하지는 않다. 10명씩 모아서 열흘 넘게 감사하려면 그 비용도 막대하니 해달라고 한다고 구청에서 선뜻 받아주진 않는다. 다만 이런 방법도 있다는 것을 알아두자.

과태료는 약인가 독인가?

과태료는 행정관청에서 부과하는 아파트 내부 귀책사유에 대한 과징금이다. 규정을 어겼을 때 관리주체나 입주자대표회의 등에게 부과한다. 과태료는 투명한 아파트를 만들기 위한 최소한의 강제적 장치이다. 약자와 대중을 보호하기 위한 방패 역할을 하는 것이 근본 취지임은 자명하다.

그런데…, 정말 그렇기만 하다면 역시 아무 문제 없을 것이다. 정말 정의를 위한 제도일까? 꼭 그렇지만은 않다. 현실에서 과태료는 종종 “양날의 검”이 된다. 과태료는 엑스맨을 처단하는 강력한 무기로 사용되기도 하지만 반대로 정의파인 우리 쪽을 다치게 만들 수도 있다.

과태료는 대상을 차별(?)하지 않는다

당신은 정의로운 쪽이라고? 과태료 부과는 당신이 정의파인지 악당 엑스맨인지는 별로 상관하지 않는다. 과태료가 정의의 잣대라고 여기는 것은 큰 착각이다. 그저 규정을 위반하면 과태료가 나오는 것이기 때문에 과태료 부과를 받을 만한 행동을 했는지 안 했는지만 기준이 된다.

통상 엑스맨이 아파트에 입성하면 가장 먼저하는 일이 자기

세력을 만드는 것이다. 두 번째 하는 일은 현 입대의의 잘못을 찾아내 과태료를 얻어맞게 하는 것이다. 보통 동대표들은 뭐가 잘못인 줄도 모르고 의결을 한다. 입대의가 되면 일단 오만 가지 의결을 하게 되고 그 과정상에서 상당부분을 상식에 의해 결정한다. 이 과정에서 절차상 실수는 반드시 나온다.

작정하고 찾아내면 얼마든지 찾아낼 수 있다(만약 필자 같은 사람이 아무 아파트에나 가서 작정하고 찾아낸다면 수십 가지도 찾을 수 있다). 평범한 동대표의 입장에서 생각해보라. 무슨 대단한 부귀영화를 보겠다고 잘 모르고 봉사한 일에 과태료까지 두들겨 맞아가며 동대표를 하겠는가? 웬만한 동대표들은 자동으로 그만두게 된다. 그리고 입주자대표회의는 무주공산이 된다.

과태료에 해박하면 빼박이다, 선수 등장

아파트 장악하기, 얼마나 쉬운가? 엑스맨들은 과태료 규정에 대해서 해박하다. 반대로 대부분의 일반인 동대표들은 임기 끝날 때까지 과태료 규정이 있는 줄도 모른다. 처음부터 게임이 안 되는 것이다. 공정한 아파트를 만들기 위해 만든 과태료 규정이 이상하게 엑스맨들의 무기로 둔갑하는 꼴이다.

과태료를 부과하는 행정관청의 공무원은 바보인가? 물론 그들도 바보는 아니다. 그들은 다만 옳고 그름을 판단하지 않을 뿐이다. 규정을 어겼느냐 아니냐만 따지지 누가 선의였고 악의였는지는 그들이 판단할 문제가 아니다. 이러다보니 과태료는 그야말로 코에 걸면 코걸이고 귀에 걸면 귀고리다. 똑같은 실수에 대해 과태료를 부과하는 행정관청이 있는가 하면 주의로 끝나는 경우도 있다.

기울어진 운동장에서 전쟁이 시작된다

구청 담당자의 성향, 사태를 바라보는 관점, 주관적 판단 등에 의해 결정이 바뀐다. 엑스맨들은 이런 내용을 알고 있기 때문에 구청 담당자를 괴롭힌다. 매일 찾아가는 수고도 불사한다. 구청 담당자도 사람이다보니 결국 우는 놈한테 젖을 주게 되어 있다. 귀찮아서 과태료 때린다. 이래서 과태료는 양날의 검인 것이다.

과태료는 공동주택관리법이나 관리규약 같은 규정을 위반하면 무조건 나오는가? 절대 그렇지 않다. 과태료도 부과할 수 있는 기준이 정의되어 있으므로 그 기준에 의해 부과된다.

결론적으로 가장 좋은 방법은 과태료 먹을 만한 의결을 하지 않으면 된다. 여러분들이 아파트 일에 나서기로 결심했다면 최소한 '과태료 부과규정'만큼은 숙지하고 있어야 한다. 아파트에 봉사하러 나와서 내 돈까지 내야 하는 것만큼 사람 미치게 하는 일도 없다. 또한 일단 과태료가 부과되면 내가 아무리 억울해도 주민들에게는 그저 잘못한 사람으로 낙인찍히기 쉽다. 최소한 규정을 몰라서 나쁜 인간들에게 당하는 일만큼은 막아야 하지 않겠는가?

과태료라는 치트키를 우리의 무기로

아파트에 엑스맨이 있다고 가정하고, 과태료라도 맞게 해서 나쁜 짓을 막고 싶다면 어떻게 해야 하는가? 몇 가지 예를 들어본다.

입대의 회장이 월권을 휘두르며 의사결정을 맘대로 하는데 다른 동대표들은 거수기 역할만 한다. 과태료 대상인가?

관리소장이 금연구역에서 담배를 피우며 입주민들에게 비속어를 사용한다. 과태료 대상인가?

부녀회장이 아파트에 장터를 열어 수익사업을 하며 그 수익을 개인적인 용도로 사용하였다. 과태료 대상인가?

모두 과태료 대상이 아니다.

공동주택관리법 및 시행령 시행규칙에는 과태료를 부과할 수 있는 대상과 항목이 기재되어 있다. 과태료는 이 항목에 위반되어야 부과할 수 있다. 한마디로 프로 엑스맨들 입장에선 벗어날 수 있는 사각지대가 엄청나게 많은 것이다. 왜 과태료를 양날의 검이라고 하냐면 오히려 선량한 사람들이 이 규정을 몰라 과태료를 받게 되는 경우가 상당히 있기 때문이다.

솔직히 이런 규정을 숙지는커녕 누가 알고 동대표를 하겠는가? 그러나 양떼들을 노리는 늑대들은 이를 알고 있다. 실례를 들어본다.

입대의 회의록이 '보관'되어 있지 않으면 과태료 부과대상이다. 작성하지 않거나 대충 작성하고 관리사무소에 굴러다니는 아파트도 있다. 누군가 신고하면 과태료 맞는다. 동대표들은 의외로 이런 기본적인 내용을 모른다. 극단적으로 관리사무소에 보관되어 있는 회의록 중 몇 장을 의도적으로 폐기하는 일은 그다지 어렵지 않다. 누군가가 일부러 없애고 신고할 수도 있다는 의미이다.

회계감사를 받지 않거나 결과를 '공개하지 않아도' 과태료 부과대상이다. 회계감사를 아예 안 받은 것은 그렇다고 쳐도 공개하지 않는 아파트 정도는 사실 많다. 원칙적으로 전부 과태료 대상이 된다.

장기수선계획을 수립하지 않아도 과태료, 장기수선충당금을 적립하지 않아도 과태료이다. 이런 게 무슨 내용인지도 모르고 하기 싫어도 입대의는 무조건 해야 한다.

관리소장이 아무리 나쁜 짓을 해도 절차에 맞지 않게 함부로 해임시킬 수 없다. 그런 시도 자체가 과태료 대상이 된다. 게임의 룰을 모르고선 게임에 참여하더라도 게임을 지속할 수 없다. 과태료 조항은 반드시(공동주택관리법 시행령을 참고하여) 숙지하도록 하자.

벌금, 빨간줄 무서운지 아는 사람이 그래?

헷갈리겠지만 벌금, 범칙금, 과태료는 각각 비슷하면서도 다르다. 쉽게 설명해서 벌금은 형법에 의한 형벌이다. 빨간줄이라고 말하는 전과기록에 들어간다.

과태료는 형벌이 아닌 법령위반에 대하여 부과되는 금전벌이다. 아파트의 경우 조례에 의해 지방자치단체의 장이 부과한다. 형벌이 아니므로 돈이 나간다는 점에서는 벌금과 같지만 전과 기록에는 들어가지 않는다.

범칙금은 일상생활에서 일어나는 경미한 범죄행위에 대해 부과된다. 쓰레기 무단 투기, 금연장소 흡연, 담배꽁초 투하, 노상방뇨 같은 경범죄에 해당된다.

무거운 벌금에는 이유가 있다

공동주택관리법에는 벌금과 과태료 조항이 기재되어 있다(앞에서 과태료 조항을 읽어보라고 했던 바로 그 부분이다). 몇 가지만 알아본다. 공동주택관리법 제97조(벌칙)의 내용이다. 가장 벌금액이 크다.

제97조(벌칙) 제90조 제1항(아래)을 위반하여 공모하여 부정하게 재물 또는 재산상의 이익을 취득하거나 제공한 자는 3년 이하의 징역 또는 3천만원 이하의 벌금에 처한다. 다만, 그 위반행위로 얻은 이익의 100분의 50에 해당하는 금액이 3천만원을 초과하는 자는 3년 이하의 징역 또는 그 이익의 2배에 해당하는 금액 이하의 벌금에 처한다.

제90조(부정행위 금지 등) ① 공동주택의 관리와 관련하여 입주자대표회의(구성원을 포함한다. 이하 이 조에서 같다)와 관리사무소장은 공모(共謀)하

여 부정하게 재물 또는 재산상의 이익을 취득하거나 제공하여서는 아니 된다.

한마디로 말하자면 입대의와 관리소장이 공모하여 한탕 해먹지 말라는 것이다. 그러나 사실상 비일비재하고 가장 흔하게 일어나는 비리이다. 관리소장과 입대의 회장이 아삼육으로 공모하는 일이 갈수록 많아지고 지능화되기에 법에서 가장 무거운 처벌을 내리는 것이라고 본다.

제98조(벌칙) 다음 각 호의 어느 하나에 해당하는 자는 2년 이하의 징역 또는 2천만원 이하의 벌금에 처한다. 다만, 제3호에 해당하는 자로서 그 위반행위로 얻은 이익의 100분의 50에 해당하는 금액이 2천만원을 초과하는 자는 2년 이하의 징역 또는 그 이익의 2배에 해당하는 금액 이하의 벌금에 처한다.

1. 제52조제1항에 따른 등록을 하지 아니하고 주택관리업을 운영한 자 또는 거짓이나 그 밖의 부정한 방법으로 등록한 자
2. 삭제 〈2016. 1. 19.〉
3. 제90조제2항(아래)을 위반하여 부정하게 재물 또는 재산상의 이익을 취득하거나 제공한 자

제90조(부정행위 금지 등) ② 공동주택의 관리와 관련하여 입주자등 · 관리주체 · 입주자대표회의 · 선거관리위원회(위원을 포함한다)는 부정하게 재물 또는 재산상의 이익을 취득하거나 제공하여서는 아니 된다.

위의 90조 2항에 의하면 입대의와 관리소장의 결탁뿐 아니라 입주자등 (즉 살고있는 사람 전체), 선관위까지 언급되어 있다.

한마디로 해먹다가 걸리면 누구든지 형사적 처벌을 하겠다는 내용이다.

제99조(벌칙) 다음 각 호의 어느 하나에 해당하는 자는 1년 이하의 징역 또는 1천만원 이하의 벌금에 처한다. 〈개정 2017. 3. 21.〉

1. 제26조제1항 및 제2항을 위반하여 회계감사를 받지 아니하거나 부정한 방법으로 받은 자

1의2. 제26조제5항을 위반하여 회계감사를 방해하는 등 같은 항 각 호의 어느 하나에 해당하는 행위를 한 자

1의3. 제27조제1항을 위반하여 장부 및 증빙서류를 작성 또는 보관하지 아니하거나 거짓으로 작성한 자

1의4. 제35조제1항 및 제3항을 위반한 자(같은 조 제1항 각 호의 행위 중 신고대상 행위를 신고하지 아니하고 행한 자는 제외한다)

2. 제50조제2항 및 제78조를 위반하여 직무상 알게 된 비밀을 누설한 자

3. 제53조에 따른 영업정지기간에 영업을 한 자나 주택관리업의 등록이 말소된 후 영업을 한 자

4. 삭제 〈2016. 1. 19.〉

5. 제67조에 따라 주택관리사등의 자격을 취득하지 아니하고 관리사무소장의 업무를 수행한 자 또는 해당 자격이 없는 자에게 이를 수행하게 한 자

6. 제90조제4항을 위반하여 등록증 또는 자격증의 대여 등을 한 자

7. 제92조제1항 또는 제93조제1항 · 제3항 · 제4항에 따른 조사 또는 검

사나 감사를 거부 · 방해 또는 기피한 자

8. 제94조에 따른 공사 중지 등의 명령을 위반한 자

다른 내용은 별도로 참고하고 여기서는 제99조 1항만 잘 알아두자. "회계감사를 받지 않거나 엉터리로 받거나, 방해하면 1년 이하의 징역 또는 1천만원 이하의 벌금 대상"이다.

문서를 가볍게 생각하고 대충 관리하는 경우도 마찬가지이다. 장부 및 증빙서류를 작성하지 않아도, 보관하지 않아도, 거짓으로 작성해도 모두 형사처벌 대상이다. 상당한 수의 입주자대표회의에서 회의록을 아주 우습게 여기는 경우가 많다. 이 부분이 바로 프로 엑스맨들의 주요 공격 포인트이기도 하다.

당신과 우리를 기다리고 있는 각종 고소들

명예훼손죄와 모욕죄는 아마 아파트에서 일어나는 형사적 고소 중에 가장 흔한 단골메뉴일 것이다. 일단 죄의 정의부터 알아본다.

명예훼손죄

공연히 구체적인 사실이나 허위 사실을 적시하여 사람의 명예를 훼손함으로써 성립하는 범죄이다.

진실한 사실을 적시한 경우에는 2년 이하의 징역이나 금고 또는 500만원 이하의 벌금, 허위의 사실을 적시한 경우에는 가중되어 5년 이하의 징역이나 10년 이하의 자격정지 또는 1000만원 이하의 벌금에 처한다. 사실을 적시한 경우에 그 사실이 진실한 사실로서 오로지 '공공의 이익'에 관한 때에는 처벌하지 아니한다.

모욕죄

공연하게 사람을 모욕함으로써 성립하는 범죄이다.

1년 이하의 징역이나 금고 또는 200만원 이하의 벌금에 처한다. 명예훼손죄와 다른 점은 보호법익이 명예감정이라는 점 이외에 그 수단이 사실의 적시에 의하지 않고, 단지 경멸의 의사표시를 하는 점에 있다.

몇년 이하의 징역이 어쩌구, 벌금이 어쩌구… 하니 무시무시하다. 그리고 무슨 말인지도 잘 모르겠고 어렵기까지 하다. 이러니 엑스맨들이 툭하면 명예훼손으로 고소한다는 협박을

난발하는 것이다. 알면 무섭지 않고 아는 만큼 당당할 수 있다.

엑스맨에게도 훼손될 명예가 있을 줄이야

명예훼손죄는 공개적으로 허위의 사실을 유포하는 것이다. 모욕죄는 공개적으로 욕(사이다 아님)을 하는 것이다. 대한민국 아파트들에는 명예훼손과 모욕죄 고소고발이 정말 지나치게 난무하고 있다.

여기서 중요하게 알아두어야 할 점은 '사실'을 적시한 경우에도 명예훼손죄에 해당할 수 있다는 점이다. 사실을 기재했는데 죄가 된다고? 상황에 따라 그럴 수도 있겠지만 실제로는 사실을 기재하면 대부분 공익으로 분류되어 99% 처벌은 받지 않는다. 다시 말해 인터넷에 글을 쓰든, 대자보를 붙이든, 방송을 하든, '공익을 위해 사실을 밝히면' 거의 죄가 되지 않는다는 것이다.

법에서 말하는 사실적시 명예훼손죄는 입주민이 알아야 할 필요가 전혀 없는, 아파트와 아무 관계 없는(공익을 위한 것이 아닌) 사실을 유포하는 행위라고 생각하면 된다. 예를 들어 입대의 회장이 바람을 폈다든가, 신체부위에 어떤 문제가 있다든가 같은 내용이다. 그게 사실이라 할지라도 아파트 주민들과 관계가 없는 일이기 때문이다. 이런 경우가 아닌 아파트 입주민을 위해 사실에 근거한 비리를 공개한다든가 문제점을 제시하는 행위에는 명예훼손죄가 성립하지 않는다.

결론은 언제나 버킹검, 기준은 언제나 공익

물론 필자는 판사가 아니며, 수사관도 아니기 때문에 이런 경우엔 죄이고 저런 경우엔 죄가 아니라고 명확하게 정의할 수는 없다. 다만 필자가 직접 10회 이상 고소를 당하며 겪은 바로는 사실이라면 널리 주민에게 알려도 전혀 문제되지 않는다는 것이다. '사실 적시'는 공익으로 판단하기 때문이다.

참고로, '공연성'에 대해서도 알아두어야 한다. 둘이 만나 누군가를 대화로 비방하거나, 메시지나 카카오톡으로 누군가에 대해 아무리 뒷담화를 하고 욕을 해도 죄가 되지 않는다. 공연성, 즉 공개적이지 않기 때문이다. 게다가 가장 중요한 것은 아파트 주민 간 고소고발이 워낙 난무하기 때문에 웬만하면 경검찰에서 무혐의 처리되고 있다는 사실이다. 공익이라고 우기면 공익으로 판단되는 경우가 너무 많다.

너무나 열 받고 끓어올라도 웬만하면 고소는 최후의 방법으로 생각하는 것이 좋다. 시간 낭비, 에너지 낭비인 경우가 거의 대부분이다.

업무방해죄

업무방해죄는 "허위사실을 유포하거나 위계 또는 위력으로써 사람의 업무를 방해하는" 형법상의 범죄이다. 어디까지가 업무방해이고 아닌지는 매우 헷갈릴 때가 많다. 쉽게 설명하기 위해 몇 가지 사례를 알아본다.

엘리베이터에 붙은 공고문을 임의로 훼손한 경우 업무방해죄가 성립된다는 대법원 판례가 있다. 실제로 매우 많이 일어나는 빈번한 일이다. 술 취해서 훼손하는 경우도 있고 내용이 마음에 안 든다고 훼손하는 경우도 있다. 거울에 붙여놓아서 얼굴이 안 보인다고 찢어버리는 경우도 있다.

문제를 안 삼고 다시 붙여놓으면 그냥 넘어가겠지만 실수가 아닌 의도적 반복적 훼손에 대해서는 범죄가 성립된다고 보는 것이 맞다. 물론 종이 한 장 찢었다고 무슨 형사적 범죄냐고 생각할 수도 있겠지만 아파트에 붙어 있는 문서는 분명히 공문서이고 이를 훼손하는 것은 위력으로 본다는 것이다. 또한 문서손괴죄가 성립할 수도 있다.

관리사무소에 가서 행패를 부리는 것도 업무방해죄가 성립된다는 판례도 있다. 동대표가 관리사무소장을 찾아가 평소 자신의 말을 잘 듣지 않고 시키는대로 일을 하지 않는다며 책상을 주먹으로 내리치고 고함을 질렀다는 이유로 처벌을 받은 케이스다. 업무방해죄는 그 판단의 범위가 넓고 사례가 매우 다양하다. 상식적인 수준으로 판단했을 때 공문서를 임의로 제거한다거나, 허위사실을 유포한다거나, 위력(=힘)으로 뭔가를 저지하려 했을 때는 다분히 업무방해죄 가능성이 있음을 인지하자. 경비원의 정당한 업무를 방해하거나 환경미화원에게 갑질 비슷한 일을 하는 것도 충분히 죄가 성립될 수 있으니 주의할 필요가 있다.

소통의 딜레마

공동체 생활에서 소통이 가지는 가치는 굳이 언급하지 않아도 충분할 것이다. 그런데 아파트 입주민들은 소통의 준비가 되어 있지 않은 경우가 많다. 통상 아파트에서의 소통은 불편한 점이나 개선점에 대한 의견수렴과 사후조치로 진행된다. 삶의 질을 올리기 위한 좋은 시도인 것이다.

정작 입대의에서 주민과 소통을 시작하면 이해하기 어려운 요구까지 마구잡이로 들어온다. 들어주지 못하는 요구에 대한 불만은 덤으로 창출된다. 소통을 시도하지 않았으면 생기지 않을 불만을 만들어내는 것이다.

예를 들면 아파트 내부에 모든 애완견을 없애달라는 요구가 있었다. 회장이 무슨 권한으로 애완견을 없앨 수 있겠는가? 불가능하다고 답했더니 역정을 냈다. 처음부터 애완견을 키우는 사람은 입주하지 못하게 하자는 의견이 뒤를 이었다. 회장이 어떤 집에서 강아지 키우는지 집집마다 확인하고 다닐 수 있겠는가? 아니 확인했다고 한들 그게 내 집도 아닌데 어떻게 입주를 막을 수 있겠는가?

현실적으로 수용하기 어렵거나 주민간의 이해가 상충되는 요구에 대해 검토를 한 후 답변을 하면 '아 그럴수도 있겠구나' 라고 너그럽게 이해하며 넘어가주는 입주민도 있지만 정 반대의 경우도 많다. "왜 요구하라고 해서 했는데 내가 원하는 대로 안 해주냐"는 무대포식 논리이다.

우리는 몸으로 알고 있다. 대한민국 국민이라면 이미, 소통하려는 정부와 불통하려는 정부 두 경우를 모두 보았다. 말해도 들어주지 않는(사실 듣지도 않는) 상대에게는 침묵하고 참지만, 반대로 뭔가 들어줄 것 같은 상대에게는 끝까지 물고 늘어지는 사람들이 의외로 많다.

이것이 소통의 딜레마다. 소통을 시도하는 순간 피곤은 필연적으로 뒤따른다. 하지만 여러분들이 봉사하기 위해 동대표에 출마했다면 이런 딜레마에도 불구하고 소통이 포기할 수 없는 가치임은 두 말 할 필요가 없다.

상가를 괴롭힌 무지한 입대의 갑질의 결말

아파트에는 단지 내 상가가 있다. 아파트 상가는 입주민의 편의를 위해 분양 당시 설계 과정부터 반영되며, 아파트와는 별도의 분양절차를 거쳐 주인에게 양도된다. 따라서 상가와 아파트는 별도의 주인이 있는 별개의 공간이다.

그런데 어떤 입주자대표회의에선 상가가 아파트 내부의 시설물(?)이므로 본인들이 상가에 대해서도 모든 권한을 행사할 수 있다고 생각(착각)을 한다. 게다가 상가에서 영업을 하는 업주들 입장에선, 아무래도 주민들이 고객이니 입대의와 껄끄러운 관계가 되어서 좋을 것이 없다. 이런 이유로 입대의와 상가는 자연스럽게 갑과 을의 관계가 형성되고 만다. 이런 환경에서는 뭐가 되었건 상식적인 수준이 넘어가면 문제가 된다. 이기심과 갑질이 과도해지면 당연히 수많은 분쟁이 뒤따른다.

분쟁 중에서도 역시 으뜸은 주차분쟁이다.

만약 주차장이 번잡하다는 이유로 입대의에서 상가 소유주들의 차량과 상가 이용자들의 아파트 내 차량 통행을 금지시켰다면 어떻게 될까?
물건을 배달하는 트럭의 통행을 금지시켰다면 어떻게 될까?
배달 차량이 시끄럽고 위험하다는 이유로 아파트 내 통행을 금지시킨다면 어떤 일이 벌어질까?

통상 이런 갈등이 생기면 처음에는 쌍방간 대화로 풀어보려 노력한다. 다행히 대화로 풀리는 경우도 있지만 풀리지 않는 경우도 많다. 결론을 말하자면 대부분의 문제는 입주자대표회의의 월권일 가능성이 매우 높다. 상가는 입주자대표회의의 의결로 결정할 수 있는 공간이 아니 때문이다.

판례를 살펴보면 상가 사무실의 출퇴근 및 방문 차량은 단지에 출입, 통행 및 주차할 권리가 있으며, 입대의가 주차시간을 제한할 수 없다는 판결이 나온다. 상가 주자창에 대해 입대의가 결정할 권한이 없는 것이다. 이런 문제는 구조상 상가가 아파트 내부에 위치하는 주상복합 아파트에서 더 빈번하게 일어난다.

김포의 모 아파트에서 실제로 생긴 일이다.

아파트 외부에 별개 건물의 상가가 있었고 상가 주차장도 별도로 있는 구조였다. 그런데 입주자대표회의에서 희한한 결정을 했다. 탑차를 가진 주민들이 주차장을 이용할 수 없다는 이유(탑차는 높이가 높아 주차장 진입이 안 되는 경우가 많다)로 상가 주차장을 주민들의 탑차 주차장으로 바꾸겠다는 결정을 한 것이다.

관리사무소에선 상가 운영자들이나 상가를 이용하는 손님들이 상가주차장을 이용할 수 없도록 통제하기 시작했다. 입대의에서 상가 주차장을 날로(?) 먹어버린 것이다. 정말 웃기는 일이 아닐 수 없다.

상가에 딸려 있는 주차장은 당연히 상가의 소유이다. 상가의 주인은 그 주차장까지 포함해서 분양받은 것이며, 상가에 세를 들어 영업을 하는 사람들도 그 주차장에 대한 비용까지 포함하여 세를 내고 있는 것이다. 따라서 이 경우는 입주자대표회의가 상가의 소유지를 무단점유한 것이며 영업방해와 더불어 재산권을 침범한 것이다.

무식하다 못해 입대의의 권한이 무한하다고 생각하는 괴상한 인간들이 대표가 되어 벌인 갑질인 것이다. 전술했듯이 입대의를 하지 말아야 할 사람들에게 완장을 주면 이런 일들이 자주 일어난다.

아파트와 상가의 분쟁에 대해 더 자세한 자료가 필요하다면 판례를 검색해보기 바란다. 인터넷을 통해 기막힌 사례들을 만나게 될 것이다. 예술은 아는 만큼 보이고, 갑질은 아는 만큼 해야 애교로(라도) 봐줄 수 있다.

아파트 규약도 법이다

관리규약

아파트에 대한 기준의 가장 상위에 있는 규정은 공동주택관리법이다. 말 그대로 법이다. 시행령과 시행규칙이 그뒤를 따르며, 마지막으로 관리규약이 있다. 일반인들은 관리규약만 한 번 훑어봐도 충분하다. 달달 외울 필요는 없고 대략 어떤 내용이 들어있는지만 알고 있으면 된다. 관리규약은 관리사무소에 상시 비치되어 있어 달라고 하면 바로 준다.

관리규약은 입주할 때 제공되지만 이걸 읽어보기는커녕 받았는지도 모르는 경우가 태반이다. 관리규약에는 공동주택관리법과 시행령 시행규칙에 들어있는 내용이 함축 요약되어 있다. 사실 관리사무소와 동대표들이 지켜야 할 내용이 대부분이다.

관리규약은 지자체별 관리규약준칙(서울시 관리규약준칙, 인천시 관리규약준칙, 경기도 관리규약준칙 등)을 기준으로 각 아파트의 특성에 맞게 정하도록 규정되어 있다. 그런데 관리규약준칙이 지자체마다 상이하여 혼선이 온다. (왜 이런 사소한 것조차도 통일시키지 못하는지 필자는 이해하지 못하겠다.) 같은 나라 안에서 서울시에서는 합법인데 인천시에서는 불법인 일이 있는 것이다. 상황이 이렇다 보니 준칙의 해석을 놓고 온라인에서 의견이 분분한 경우가 있다. 이는 거주하는 지역이 서로 다른 경우가 대부분이다.

"내가 사는 아파트의 관리규약이 바로 내가 지켜야 할 규정이다."

옆에 있는 아파트의 관리규약은 그 아파트의 규정이지 내가 사는 아파트의 규정이 아닌 것이다. 모든 업무 처리를 관리규약대로만 하면 99.9%의 확률로 문제가 안 생긴다. 이것은 너무나 당연한 내용이지만 실제로 입주자대표회의에 뛰어든 초보 동대표들은 관리규약보다는 '본인의 상식'대로 일을 처리하는 경우가 많다. 입주민만 관리규약을 안 보는 것이 아니라 동대표들도 안 본다. 그래서 문제다.

본인이 해야 할 행동지침을 본인이 모르는데 일이 제대로 돌아갈 턱이 없다.

또한 모든 아파트에는 관리규약 전문가가 있음에도 확인하지 않고 적당히 결정한다. 아파트의 관리규약 전문가는 관리소장이다. 동대표가 되었다면 뭔가 애매하거나 찜찜한 일은 관리소장에게 물어보고 근거를 확인하는 습관을 들여야 한다. 관리소장에게 말로만 물어봐도 안 된다. 공동주택관리법, 시행령, 시행규칙, 관리규약 몇 조 몇 항에 그런 규정이 있는지 확인하는 것이 좋다. 규정이 없다면 판례 또는 유권해석도 찾아서 제시하라고 해야 한다. 직접 찾지 말고 관리소장에게 요청하라는 의미이다.

관리규약은 항상 두드려야 할 돌다리

애매한 사안에 대한 질문에 관리소장이 "저도 잘 모르겠는데요." 또는 "그걸 알아서 뭐 하시게요?"라고 한다면 그 관리소장은 소장의 자격이 없거나 알면서도 모르는 척하는 엑스맨 소장일 확률이 높다. 대한민국 아파트 관리소장 중 관리규약을 모르는 사람은 없다. 관리규약대로 일을 처리하지 않아서 문제가 되면 웬만한 책임은 관리소장에게 부과된다. 과태료도 대부분 관리소장이 소속된 관리주체에 부과된다. 따라서 관리소장은 주기적으로 교육을 받고 변경된 규정을 숙지해야 한다.

관리소장이 소속된 관리주체(회사)에는 자문 변호사 및 공동주택관리법 전문가가 포진되어 있다. 또한 관리소장은 주택관리사협회를 통해서도 얼마든지 전문적인 자문을 구할 수 있다. 결론적으로 관리소장은 마음만 먹으면 정확한 규정을 제시할 수 있다.

문제 있는 관리소장의 경우 오히려 이런 점을 이용해서 동대표들을 주무른다. "내가 전문가인데 이렇게 하면 됩니다." 동대표들은 소장이 아는 게 많고 경험이 많으니 그저 믿고 넘어간다. 소장 마음대로 동대표들을 쥐락펴락하는 것이다.

똑똑한 동대표라면 그 근거를 제시하라고 한다. 삐리한 동대표라면 덮어놓고 소장 말을 믿는다. 결국 나중에 문제가 되서 공동책임이 되면 덤탱이는 여러분의 몫이다. 무식한 것은 죄가 아닐지 몰라도 무식한 사람이 의사결정을 하는 것은 죄가 될 수도 있는 것이다.

관리규약의 개정

관리규약은 아파트의 법이다. 입주자대표회의와 관리사무소는 관리규약대로 모든 업무를 처리해야 한다. 그런데 어느 순간 관리규약을 바꿔야 할 때가 있다. 행정관청에서 강제로 바꾸라고 할 때도 있고, 입주민들에게 득이 되지 않는 조항을 수정하거나 삭제할 수도 있다.

여기까지는 별 문제가 없다. 그러나 본인들 입맛에 맞지 않아서 바꾸는 경우는 충분히 문제가 된다. 물론 그런 경우에도 겉포장은 언제나 입주민들을 위해서라고 주장한다. 관리규약 변경 절차가 시작되면 행정관청에서 내려준 준칙과 변경전, 변경후 내용이 엘리베이터에 붙는다. 모든 주민들에게 공개하여 숙지시키는 절차이다.

필자는 주민들이 엘리베이터에서 그 깨알같은 글자를 읽는 것을 본 적이 없다. 뭘 바꾸는지 아무도 모른다. 그래도 상관없다. 주민 찬반 동의 절차가 시작된다. 역시 아무것도 몰라도 찬성은 잘 해준다. 그렇게 관리규약이 교체된다. 독소조항이 있는데 읽어도 대부분 이해하지 못한다. 아니 읽지도 않는다.

어느 아파트는 회장 업무추진비가 월 10만원이고 어느 아파트는 월 200만원이다. 두 번째 아파트가 첫 번째 아파트보다 회장이 20배 일을 많이 하는 아파트인가? 일을 많이 하든 아니든 그건 중요하지 않다. 관리규약에 10만원이라고 되어 있으면 10만원이고 200만원이라고 되어 있으면 200만원인 것이다. 이것을 누가 결정했는가? 바로 주민이 동의해준 것이다. 전부 관리비에서 나가는 주민 돈이다.

어느 아파트는 관리규약에 과거의 동대표들이 한 일까지 소급적용시키는 조항을 넣어서 주민 과반 동의를 받았다. 현재 관리규약을 변경하고 전 동대표들에게 소급적용시킨 것이다. 예를 들어 과거에는 감사 업무추진비가 15만원이었다. 그걸 10만원으로 변경시킨 후 5만원씩 더 받아갔으니 토해내라는 것이다. 세상에는 이상한 사람들이 참 많다. 누군가를 골탕먹이기 위해 관리규약 변경을 악용하는 엑스맨들이라니.

관리규약 변경은 자주 있는 일이 아니다. 따라서 한번 변경되면 꽤 오랜 기간 그대로 유지된다. 심지어는 아파트가 생긴 이래 한번도 바뀐 적이 없는 곳도 있다. 만약 살고 있는 아파트에 관리규약을 변경한다고 공지될 때가 온다면, 이 책을 읽는 독자들만이라도 그때 왜 관리규약을 바꾸는 것인지, 독소조항은 없는지 반드시 꼼꼼하게 살펴보기를 권한다.

이기고 싶다면, 고소 고발 절대로 하지 마라

건설사 관계자들이나 엑스맨들을 상대하다보면 몸에 사리라도 생길 것 같은 깊은 빡침과 분노를 느낄 순간이 온다. 그 뻔뻔함과 파렴치함에 줘 패버리거나 세탁기에 넣어 돌려버리고 싶은 생각이 들지만 현실적으로 그래봐야 나만 손해라는 것도 안다.

결국 참다 참다 마지막엔 법을 찾게 된다. 게다가 주위에서 뽐뿌질하는 사람들도 많다. 참지 말고 고소하라고 한다. 그렇게 일단 고소탕에 한쪽 발을 들이게 되면 온몸이 진흙투성이가 되는 것은 시간문제다. 빠져나오려고 해도 점점 빠지는 게 고소탕인데 일반 목욕탕은 몸이 시원해지지만 고소탕은 몸이 점점 찌뿌둥해지고 두통이 생기면서 내 소중한 시간을 사정없이 가져간다.

필자는 법 전문가가 아니다. 하지만 일반인으로선 둘째 가라면 서러울 정도로 고소를 많이 당해봤다. 보통사람이 살면서 한 번 받기도 쉽지 않은 고소장를 열 번도 훌쩍 넘게 받아봤으니 말이다. 자칭 피고소왕으로서 조언하건대 고소는 정말 가급적 웬만하면 하지 말자. 정의감에 불타는 여러분들의 빡침은 어느 누구보다 충분히 이해하지만 여러분들이 이해하고 있는 법과 내가 이해하는 법은 좀 다르다. 필자의 법에 대한 깨달음을 단문으로 정리해본다.

- 주위에서 법으로 상대하라고 뽐뿌질하는 사람들은 보통 법에 대해 아무것도 모르는 사람들이다(선무당이 사람 잡는 법이다).

- 나한테 뽐뿌질하는 그 사람에게 당신이 법으로 저들을 처벌해달라고 부탁하면 다시는 나한테 연락이 오지 않는다(당신을 멍청이로 생각한 것일 확률이 높다).

- 툭하면 고소하겠다고 으름장을 놓는 사람들이 의외로 더 고소를 안 한다(목적은 겁을 주려는 것이지 실제로 고소하면 어떻게 되는지 해본 사람들은 정말 잘 안다).

- 법은 정의감에 불타는 억울한 사람의 편이 아니다. 특히 내

편은 더욱 아니다(수사기관은 일단 누가 엑스맨인지 모른다. 엑스맨들도 수사기관에 끌려가면 본인들이 피해자라고 주장한다).

- 법에서 규정 위반은 필수사항이고 선의여부는 참고사항이다(관리소장의 횡포를 참지 못해 정의감에 불타 관리사무소에 들어가 집기를 부수었거나, 엑스맨 입대의 회의장에 들어가 난동을 부렸다면 억울하지만 범죄자는 바로 당신이다).

- 아파트 관련 분쟁은 횡령이 아니고선 법정에서 소매치기 잡범보다 못한 취급을 받는다(주민들 간의 감정싸움이라고 생각하고 명백하게 증거가 있는 횡령도 금액이 웬만큼 크지 않으면 적당히 기소유예로 끝난다).

- 경찰과 검찰은 여러분이 세상에서 제일 나쁜 놈이라고 생각하는 그 엑스맨보다 객관적으로 훨씬 더 나쁜 놈들을 매일 상대하는 사람들이다(세상엔 진짜 더럽게 나쁜 놈들이 많아서 아파트 엑스맨 따위는 넘치고 넘친다고 보는 것 같다).

- 고소는 당하는 사람이 피곤하지만 하는 사람도 엄청 피곤하다(일단 고소에 들어가면 고소인이든 피고소인이든 경찰서에 가서 엄청난 시간을 할애하여 해명하거나 증거를 제출해야 한다).

- 고소는 대한민국 국민이면 아무나 할 수 있다. 그 얘기는 엑스맨들도 언제나 엿먹어라 식 고소를 할 수 있다는 것이다(고소의 맹점이다. 아무거나 트집 잡아서 밥 먹듯이 고소하는 엑스맨들이 정말 많다).

- 변호사 선임이 도깨비 방망이 정도 되는 줄 알지만 사실 변호사 입장에서 아파트 분쟁 수임은 푼돈벌이 정도밖에 안 된다(형사 민사 각각 몇백만원 들여서 변호사 수임한들 여러분들 입장에선 큰 돈일지 몰라도 변호사들은 딱 받은 돈만큼만 시간을 할애한다. 어떤 변호사가 몇백짜리 소송에 최선을 다하겠는가? 꿈 깨자).

- 영화에서 보던 정의감이 넘치고 불의를 참지 못하는 열혈 변호사를 만나고 싶다면 그 영화를 다시 한 번 찾아보는 것이 빠르다(심지어 필자 같은 사람도 당하고 나서 깨달았다).

- 잘못한 게 없다면 법 앞에서 절대 쫄지말자(보통사람은 경찰서에서 출두하라고 전화만 와도 스트레스 지수가 폭발한다. 하지만 수사기관도 절대 바보는 아니다. 잘못한 게 없다면 귀찮을 뿐 별다른 피해는 없다).

변호사는 승리의 도우미가 아니다

시끄러운 아파트일수록 고소·고발이 난무한다. 일반인이 평생 살면서 고소 당할 일이 얼마나 있겠는가? 이렇다보니 고소를 당하면 일단 당황한다. 당황하면 첫 번째 하는 일이 앞뒤 재기 전에 일단 변호사를 찾는 것이다. 내가 잘했든 잘못했든 고소를 당하면 제일 먼저 생각나는 것이 나에게 전문적인 조력을 제공해줄 존재이기 때문이다.

일단 친구, 형님, 사돈의 팔촌 중에 변호사를 찾는다. 어떻게 어떻게 해서 찾지만 변호사도 각자의 전문 분야가 있기 때문에 역시 아파트에 대해서 모르기는 별반 다르지 않다. 조언을 얻기보다 오히려 그에게 공동주택관리법에 대해 알려줘야 되는 경우가 태반이다.

게다가 변호사는 무료인가? 당연히 비용이 든다. 사건 수임시에도 비용이 들지만 통상 상담만 해도 돈이 든다. 통상 아파트 문제로 인한 형사는 200만원~300만원에서 착수금이 결정되고, 민사는 300만원~500만원 정도에서 결정된다. 이건 착수금이고 소가 진행되면서 더 붙는 경우도 많다. 이 금액의 적절성에 대해서는 정의하기 어렵지만 적지 않은 금액인 것만은 맞다. 물론 승소에 따른 성공보수는 이와는 별도이며 정하기 나름이다.

일단 착수금을 전달하면 변호사와의 계약관계가 성립되었으므로 변호사가 일에 착수한다. 일이 착수되면 변호사는 팔을 걷어붙이고, 의욕적인 눈빛으로 나의 사건을 철저하게 조사하고, 나에게 유리한 증거를 빠짐없이 수집하여, 법정에서 멋진 언변으로 나를 변호할 것이라고 생각한다. 그런데 그런 건 영화에서나 가능한 일이다. 착각하지 말자.

변호사는 오직 당신이 준 자료를 토대로 당신이 쓴 글을 당신이 한 말에 따라 정리해준다. 믿기 어렵겠지만 통상 그게 전부다. 약간 어려운 단어와 법률용어를 섞어서 문서를 작성(이라고 쓰고 수정이라고 읽는다)하는 것이라고 보면 된다.

기껏해야 수백만원 정도의 착수금으로 시작한 아파트관련 고소는 변호사들에겐 껌 같은 사건이다. 물론 모든 변호사가 그렇다고 일반화할 수는 없다. 변호사도 직업의 한 가지이고 결국 돈에 의해 움직일 수밖에 없으며, 여러분들이 들고 가는 아파트 관련 사건은 아주 사소한(?) 사건으로 홀대당하기 일쑤이다. 뒤늦게 깨닫게 되는 현실이다.

필자는 아파트 일을 하면서 총 세 명의 변호사와 일을 했었다. 건설사를 상대로 한 손해배상 소송에 한 번, 하자소송에 한 번, 그리고 필자를 의도적으로 폄하하고 허위사실을 유포하던 사람들을 대상으로 한 소송에서 한 번이었다.

변호사 A는 소송 내용도 잘 이해하지 못해 판사 앞에서 버벅대기 일쑤였고, 결국 3심까지 간 끝에 패소한 후 주민들 앞에서 모든 것은(본인과 같은 대학 같은 과의 후배인) 판사의 잘못된 판단인 듯하다는 황당한 변명을 늘어놓는 것으로 업무를 화려하게 마감했다.

변호사 B는 모든 일을 처음부터 끝까지 사무장이 진행했고, 회장이었던 나조차 얼굴 한 번 제대로 본 적이 없었다.

변호사 C는 필자가 제출한 증거 자료들과 서면을 거의 그대로 제출하는 노력(?) 끝에 처절히 패소한 후 연락 두절이 되었다. 민사와 형사 착수금을 처음에 동시에 주었는데 형사에서 패소하는 바람에 진행하지 못하게 된 민사 착수금도 수차례의 연락 끝에 정말 겨우 겨우 받았다.

변호사는 전문직이며 사회적으로 존경받는 좋은 직업임에는 틀림없다. 그러나 필자가 특별히 재수가 없었던 것인지 나는 변호사의 도움을 별반 받은 것이 없었다. 주위에서 변호사 비용으로만 수천만원을 써가며 아무 성과도 내지 못한 여러 사례들을 보아왔다. 법적인 소송은 모두가 패자인데 변호사만 승자가 되는 불공정한 게임이다.

결론적으로 아파트 관련 소송이라면 변호사 없이 본인 스스로 사건을 진행할 수 있는 지식을 쌓아야 한다. 이 분야에 대해 제대로 알고 있는 변호사도 별로 없다. 결국 본인의 실력으로 대처해야 한다.

좋은 변호사를 만나면 다행이지만, 덮어놓고 변호사에게 의존하다간 돈은 돈대로 몸은 몸대로 상하게 된다. 정말 패가망신 하는 수가 있다. 장담한다. 반드시 후회하게 될 것이다.

아파트 관련 분쟁이 갈수록 늘어나고 있다. 판례도 지방법원별로 제각각이라 웬만큼 알아보지 않으면 일반인들 입장에선 오판하기 딱 좋다. 아파트 분쟁 관련 전문 변호사가 좀 더 많아졌으면 하는 바람이 있다. 하지만 변호사는 승리의 도우미가 아니라는 사실은 변함이 없을 것이다. 법은 멀고 주먹이 가깝다는 말이 왜 떠오르는 걸까?

이렇게도 패소할 수 있다

아파트에 입주한 후 입주민들 수백 명과 시행사, 시공사를 상대로 손해배상 민사소송을 내게 되었다. 시행시공사의 사기분양에 대해 명확한 법의 판단을 받고자 함이 목적이었다. 주민 중 한 명이 소송의 '선정당사자'로 나섰다. 입대의는 아니었지만 아파트 주민들 사이엔 꽤 얼굴이 알려진 사람이었다.

통상 이런 힘들어보이는 일에 앞으로 나서는 사람에 대해선 '저 사람이 왜 나왔을까?'라고 의심하기보단 "어려운 일을 맡아줘서 고맙다"는 평을 한다. 우리도 마찬가지였다. 잘해줄 줄 알았다. (소송의 '선정당사자'란 '홍길동 외 500명' 이런 식으로 진행되는 단체소송의 '홍길동'을 말한다.)

수백 명, 수천 명이 참가하는 단체소송을 진행하게 되면 소송에 참여한 대중들은 거의 아무것도 하지 않는다. 선정당사자와 변호사가 대부분의 증거를 모아 소송을 진행하는 것이 보통이다. 변호사는 소송의 직접적 당사자가 아니므로 소송에서 우위를 차지할 증거가 무엇인지, 정황이 무엇인지는 소송 참여자에게 듣기 전에는 모른다. (모든 소송이 마찬가지다. 변호사는 의뢰인으로부터 들은 내용과 받은 증거를 토대로 움직이는 것뿐이다.) 누군가 정황을 자세하게 알려줘야 거기에서부터 변호사가 파고드는 것이다. 승소를 위해선 선정당사자의 역할이 오히려 변호사보다 더 크다고 할 수 있는 이유다.

우리가 진행했던 소송은 소송비(수임료, 인지대, 송달료 등)만 수억원이 들어가는 큰 소송이었다. 500명이 넘게 참여한 대규모의 소송이었으니까. 그만큼 선정당사자의 책임과 의무가 막중한 상황이었다. 그런데 소송이 진행되며 재판이 다가오는데 앞서 말한 선정당사자의 역할은 기대 이하였다. 법원에 제출되는 증거자료도 부족하고 논리도 부실했다. 그러면서 시간은 흘러 어느덧 1심 선고일이 몇 달 앞으로 다가왔다.

참다 못해 선정당사자 자격을, 회장이었던 필자한테 넘기라고 요구했다. 그런데 그는 말로는 넘기겠다고 하면서 실제로는 넘기지 않았다. (선정당사자 변경은 서로 주고받으면 끝나는 게 아니라 법원에 직접 방문해서 변경 절차를 밟아야 한다.) 급기야 선정당사자를 넘겨받지도 못한 상황에서 그 선정당사자는 연락두절이 되었다. 변호사측은 급하니 필자에게 도와달라고 읍소를 하였다.

이대로 가면 패소는 불을 보듯 뻔한 일이었다. 선정당사자 자격문제를 논의할 상황이 아니었다. 일단 소송은 이겨야 했으니까. 당시 회장이었던 필자와 총무이사를 주축으로 몇몇 동대표들이 날밤을 새기 시작했다. 선정당사자가 누구든간에 소송은 이겨야 했다. 수십 일에 걸쳐 증거를 다시 모으고 자료화해서 주장하는 바를 수십 장의 원고로 만들어 변호사 사무실로 넘겼다.

이 증거들이 판사에게 거의 전부 채택되었다. 그리고 극적으로 1심에서 500명이 넘는 전 세대에 각각 500만원씩을 지급하라는 승소판결을 받아냈다. 정의가 이기는 감격적인 순간이었다.

수십억을 배상해야 할 상황이 되자 시공사에서 항소가 들어왔다. 항소 진행 사실을 주민들에게 알리기 위해 주민총회를 진행했다. 문제는 여기서부터 시작되었다. 앞에서 언급한 선정당사자(맞다, 처음에 나섰다가 일도 안 하고, 변경도 해준다고 했다가 쌩까고, 연락도 두절되었던 그 사람)가 주민총회장에 나타나 뒤에서부터 유인물들을 나눠주고 있는 것이다. 그 찌라시에는 선정당사자가 본인이지 회장인 '레벤톤'이 아니라는 얘기가 구구절절 적혀 있었다. 법원 사이트에서 내려받은 선정당사자가 기재된 프린트물도 나눠줬다.

그렇다. 1심에서 승소하자 본인이 소송의 대표라고 갑자기 튀어나온 것이다. 이제와서 본인이 '소송의 대표'임을 주장하고 나선 것이다. 정말 황당하고도 황당했다. 법적으로는 선정당사자가 그 사람이 맞았다. 바뀐 적이 없으므로. 그러나 이런 상황을 지켜보는 주민들은 도대체 무슨 상황인지 자체를 아예 이해하지 못했다. 그들은 선정당사자가 뭔지 누가 소송 증거를 제출해서 이겼는지 따위는 중요한 것이 아니었기에 총회장은 그냥 소싸움장이 되어 버렸다.

당시 필자는 쿨하게 접근했다. 누가 선정당사자면 어떻고 누구 공이면 어떠랴? 이제부터는 1심 때처럼 대충하지 말고 본인이 선정당사자이니 잘 준비해서 항소에서도 이기자고 부탁했다. 변호사도 1심에서 압승을 했으므로 2심도 충분히 이긴다고 예상하며 자신감이 가득했다.

결론은 어땠을 것 같은가? 맞다. 불길한 예감은 언제나 틀리지 않는다. 완전 패소했다.

1심이 전면 뒤집혔다. 3심은 받아들여지지도 않고 기각되었다. 이렇게 500세대의 한 맺힌 소송은 패소로 끝났다. 죽어라 고생해서 이겨놓은 세대당 500만원은 그렇게 하늘로 날아가 영원히 사라졌다. 최후의 승자는 변호사뿐이었다. 수임료는 소송결과에 상관없이 받으니 소송이 지속될수록 변호사 주머니만 두둑해졌다.

독자 여러분들은 제발 필자의 경험을 타산지석으로 삼길 바란다. 한 명의 잘못된 인간이 수백 수천 명을 곤경에 빠뜨리는 곳이 아파트이다. 앞에 나선 사람들끼리 싸우면 소싸움이 된다. 나쁜 인간들을 막기 위해선 대중의 힘이 필요하다. 그 힘이 좋은 방향으로 뭉치려면 우선 대중(주민)이 똑똑해져야 한다. 다시 말하지만 소송은 필자 경험상 만병통치약이 아니라 백해무익 탄산음료에 가깝다.

변호사에게 고함

변호사도 직업이니 수임을 하라 말라 하지는 못하겠지만 아파트 관련 수임은 한번 더 생각해주시면 좋겠습니다. 잘 알지도 못하면서 덜컥 맡아서 제대로 하지도 않을 거면 하지 마세요. 아파트는 아파트 전문 변호사에게 맡기고 그냥 다른 사건들 맡아주세요. 솔직히 대부분의 변호사님들 아파트나 공동주택관리법은 제대로 아시는 것도 없지 않습니까? 엑스맨한테 당하고 변호사한테까지 당하면 그 기분 정말 좋지 않습니다. 소송 의뢰 들어오면 차라리 말려주세요.

읽으면 나도 레벤톤, '~ 하는 법' 가이드

소통 안 되는 시행사(시공사) 상대하는 법

시행사나 시공사와는 원래 소통이 안 되는 게 당연하다. 그들 입장에서 입주민과 소통이 잘 되기 시작하면 해달라고 요구하는 것만 늘어날 테니 소통을 제대로 안 하는 게 이득인 것이다.

중요한 부분이니 부연설명을 좀 해본다. 자동차의 경우 사용자 평판이 좋지 않고 여론이 나빠지면 그뒤엔 안 팔릴 것이다. 따라서 고객과의 소통과 판매 후 관리에 신경을 많이 쓸 수밖에 없다. 아파트는 다르다. 사용자 평판이 좋지 않아도 판매자로선 아쉬울 게 없다. 쉽게 말해 어떤 단지의 분양이 끝나면(다 팔고나면) 더 팔 물건이 없는 것이다.

소비자 입장에선 시공사의 브랜드 밸류에 악영향을 미치지 않느냐고 생각할 수도 있겠지만 그건 소비자 생각이다. 우리나라 아파트 소비자들은 대형 건설사 마크만 붙어 있어도 무조건 선호한다.

시공사와 소통이 안 되는 것은 원래 당연한 것이니 뭔가를 얻고 싶을 땐 단체의 힘밖에 없다. 바로 떼법이다. 떼법이란 말 그대로 떼로 뭉친 힘이다. 건설사는 프로다. 그들에겐 시끄럽고 귀찮게 하는 입주민들을 상대하는 매뉴얼이 이미 준비되어 있다.

이렇게 요구하면 저렇게 답하고, 저렇게 요구하면 이렇게 답한다. 입주전에는 입주민의 몇 % 이상 위임장을 받아오면 협상해주겠다고 말한다. 그러나 그 몇 %를 받기도 어려울 뿐더러 설령 어렵게 받아내더라도 정식 단체가 아니라 공식협상은 어렵다고 말한다.

정식단체는 입주자대표회의밖에 없는데 입주자대표회의가 구성되려면 최소 50% 이상이 실제 입주를 해야 된다. 입주

전의 입주예정자들의 약점을 합법적인 것처럼 활용한다. 바로 이런 게 시공사의 고객 응대 매뉴얼이다. 시행사나 시공사를 상대할 땐 오직 단체로 뭉친 힘 밖에는 없다고 보는 게 속이 편하다.

비 친화적인 관리소장을 상대하는 법

어떤 관리소장은 주민들에게 잘한다. 어떤 관리소장은 주민들을 전혀 신경쓰지 않고 두려워하지도 않는다. 이런 엑스맨 소장에게 말로 읍소하는 것이 통할 리가 없다. 이럴 땐 그에게 영향을 줄 수 있는 단체를 활용하자. 관리소장이 부담을 가지는 단체는 크게 다섯 가지 정도가 있다.

첫 번째는 입주자대표회의다. 관리소장에게 업무를 지시하는 주체이기 때문에 당연히 힘이 있다.

두 번째는 구청 건축과 담당자다. 관리소장에게 과태료를 부과할 수 있는 무시무시한 절대갑의 존재이다.

세 번째는 관리주체이다. 관리소장이 소속된 회사이므로 문제가 지속될 경우 교체가 될 수도 있다.

네 번째는 대한주택관리사협회다. 관리소장이 근무하는 지역별로 구분되어 있어서 평판에 문제가 생기면 왕따를 당하게 된다.

다섯 번째는 수사기관이다. 직접 경찰에 고소 고발을 하는 것이다. 이 방법은 최후의 수단으로 하는 것이 우리의 정신건강에 좋다.

불법적인 입대의(선관위)에 대처하는 법-1

아무리 정의감이 넘쳐도 돈키호테처럼 회의실 쳐들어가서 멱살 잡고 책상 엎는 일은 하지 말자. 고소장만 날아온다. 일단 입대의에 대한 지도권한이 있는 구청 건축과에 민원을 넣어서 공식적으로 해결하는 것이 정석이다. 그래도 유야무야 바뀌지 않으면 다음 2번으로 넘어가자.

독단적인 입대의(선관위)에 대처하는 법-2

경험상 독단적인 입대의나 선관위는 그 구성원들의 성향과 정체성이 대체적으로 그런 것이므로 임기 끝날 때까지 바뀌지 않는다. 그 안에 옳은 얘기하는 사람이 있어도 오히려 그 사람만 왕따를 당한다.

여러분이 입대의에 대적할 만한 힘을 보유하고 있지 않다면 임기가 끝날 때까지 꾹 참고 기다렸다가 여러분 본인이 직접 동대표로 나서야 한다. 동대표에 나서서 그간 행해졌던 비리들을 밝히면 된다. 이런 저런 사정으로 동대표 출마가 어렵다면 올바른 사람들로 선출하는 수밖에 없다.

만약 그들의 임기가 너무 많이 남아서 도저히 못 참겠다면 해임만이 정답이다. 대통령도 분명한 죄를 지으면 탄핵하고 해임하는 나라에서, 옳지 않은 동대표 해임을 부담스러워 할 필요는 없다. '그래도 동네 주민인데….' 이런 생각을 통상 하겠지만 그들은 절대 저절로 달라지거나 바뀌지 않는다. 강제로 바꾸는 수밖에 없다.

이기적인 입주민을 설득하는 법

정말 도무지 말이 안 통하는 이기적인 입주민을 만나게 되면 보통사람의 상식으로는 거의 설득을 시킬 수 없다. 이기적인 입주민들에게 공익과 사회정의를 외쳐봐야 씨알도 먹히지 않는다. 이런 사람들은 평생 살아온 그들만의 득과 실에 대한 개념이 확고하기 때문에 정확하게 그것을 긁어주면 먹힌다.

간단명료하게 "이러면 당신한테 이득이고 저러면 당신이 손해다!"라고 말해주는 것이다. 그렇게 하면 그들은 알아서 이득을 선택한다.

관리비 절약하는 법

전기 아끼고 물 아끼라는 식의 얘기는 하나 마나한 얘기니 생략한다. 우선 우리 아파트 관리비가 비싸다고 생각되면 바로 옆 단지 관리비와 비교해보고 비싼 항목을 찾아 해결해나간다. 이런 정보들은 국토교통부 k-apt 사이트에서 아주 쉽게 확인할 수 있다. 상대적으로 줄줄 새고 있는 부분이 분명히 있을 것이다.

본인이 입대의 동대표라면 직접 해결하고, 일반 입주민이라면 입대의 또는 관리사무소에 개선을 요구하자. 만약 이렇게까지 했는데 의도적으로 해결을 안 하는 분위기가 감지된다면 그 아파트에는 엑스맨이 있을 확률이 높다. 위로의 뜻을 전한다.

경찰수사에 잘 대처하는 법

정의구현을 하다보면 의도치 않게 수사기관을 상대하게 될 때가 있다. 경찰서에 가서 조사받는 것이 공포스럽고 두려울 수 있겠지만, 형사도 사람이다. 영화에서처럼 유도심문하면서 함정 파고 강압적으로 수사하지는 않는다.

물음에 상식적인 답변을 하면 된다. 그간의 경과나 객관적인 팩트 또는 문제 상황이 흘러온 스토리를 문서로 자유롭게(나름대로) 정리해서 만나는 것도 큰 도움이 될 것이다. 말주변이 없는 사람이라면 말보단 글이 더 나을 수도 있다.

엑스맨을 법적으로 상대하는 법

수사기관에 진정서를 제출하여 수사의뢰를 하는 방법과 직접 고소 고발을 하는 방법이 있다. 고소란 내 자신이 직접적 피해자일 때 하는 것이고, 고발이란 제3자 입장에서 하는 것이라고 생각하면 된다.

수사 의뢰는 말 그대로 범죄의 증거를 모아서 전문가가 나 대신 조사해달라고 하는 것이다. 따라서 팩트에 기반한 증거수집이 중요하다. 고소 고발은 번거롭더라도 직접 경찰이나 검찰에 고소 고발장을 제출해야 한다.

엑스맨의 역고소에 대처하는 법

군대에 다녀오신 분들이라면 기억하실 만한 얘기가 있다. 조립은 분해의 역순, 분해는 조립의 역순이다. 고소와 역고소도 마찬가지 원리이다. 엑스맨이 법적으로 공격해 들어오는 상황이 되었다면 우리에게 도움이 될 자료나 증거 수집은 필수이고, 특히 공익의 관점에서 어필할 수 있도록 차분히 준비해 싸우는 수밖에 없다. 가장 중요한 것은 평소에 허점이 드러나지 않도록 규정과 원칙, 그리고 공익에 입각하여 활동하는 것이다. 예방은 최선의 공격이다.

아파트 리더의 필수 무기, 삼지창

삼지창은 아파트 리더로 뛰어든 사람의 필수 무기이다. 모두 알다시피 삼지창은 삼국지나 수호지에 등장하는 끝이 세 갈래로 뾰족한 무기이다. 필자가 말하는 삼지창은 진짜 창은 아니고 세 가지 '지'자로 시작하는 덕목이다. 바로 '지식, 지구력, 지도력'이다.

첫째, 지식

아파트에 뛰어든 사람은 보통 아무것도 모른다. 그래서 뭘 좀 알아보고 싶어도 무얼 먼저 알아봐야 할지조차 모른다. 아파트 관련 지식이라면 공동주택관리법, 관리규약, 유권해석, 판례 같은 것들이다. 공부를 좀 해보려고 해도 알아먹기 어려운 글들이 가득해서 집어던지게 된다.

결국엔 지식이 없으면 당한다. 분명 상대방 말이 틀린 것 같은데 이상한 근거를 들고와서 들이대며 우겨대니 반박할 자신이 없어서 꼬리를 내리게 되는 경우가 많다. 엑스맨은 일반인에 비해 잡다한 지식을 훨씬 많이 가지고 있다(그래봐야 뭔가 해먹기 위한 수박 겉 핥기 지식에 불과하지만). 틀린 내용도 일단 우기면 현실세계에서는 잠시 통하게 마련이다. 판례가 어쩌구저쩌구 유권해석이 이러쿵저러쿵 하면 웬만하면 다 먹힌다. 듣는 사람들은 유권해석이란 단어에 쫄아서 더 따지지도 못하는 경우가 많으므로 당연한 일이다.

아파트 관련 지식은 조금의 노력만 있어도 충분히 확인할 수 있다. 공동주택관리법을 달달 외우고 있지 않아도 필요할 때마다 인터넷에서 충분히 습득할 수 있다. 어떤 것이든 내가 정확하게 알고 있으면 그게 바로 내 무기가 된다. 누가 와서 떠들고 덤벼도 정확한 근거를 내밀며 반박하면 정확한 근거를 내미는 사람이 이긴다. 그래서 지식은 반드시 필요하다.

아파트 관련 분쟁으로 양측이 끝까지 가게 되면 누가 원칙과 규정대로 했는지가 결국 승자와 패자를 나누게 된다. 바로 그 원칙과 규정을 알고 했느냐 모르고 했느냐의 차이가 지식이 있느냐 없느냐의 차이이다.

반복하지만 정의파 리더와 엑스맨들과의 아파트 분쟁은 마라톤과 같다. 마라톤에서 가장 중요한 것은 포기하지 않고 버틸 수 있는 스테미너, 바로 지구력이다. 한국 사람들을 일컬어 냄비라는 표현을 많이 한다. "욱" 하고 일어나는 데는 선수이지만 포기하는 것도 정말 빠르다. 선천적으로 지구력이 없다면 아파트 일을 하지 않는 것이 상책이다. 망신만 당하게 된다.

지구력이 없는데도 아파트 일을 하고 싶다면 인위적으로라도 지구력을 키워야 한다. 그렇지 않으면 뛰어든 당신만 이상한 사람 또는 배신자 취급을 받게 된다. 지구력을 키우는 방법은 의외로 간단하다. 하루에 운동장을 10바퀴씩 뛰거나 숨을 오래 참고 잠수를 하는 훈련이 아니다. 처음부터 오래 걸릴 것이라고 생각해버리고 시작하는 것이다. 애석하지만 세상은 당신 한 명의 펄펄 끓는 열정으로 삽시간에 바뀌지 않는다. 정말 그렇다.

아이러니하게도 처음부터 열정을 너무 쏟지 않으면 포기도 쉽게 하지 않게 된다. 어떤 마라톤 선수도 처음부터 전속력으로 달리지 않는다. 뛰어야 할 길이 멀기 때문이다. 처음부터 전속력으로 마라톤을 시작하는 선수는 다 뛸 생각이 애초에 없었거나, 마라톤이 뭔지를 아예 모르는 사람일 것이다. 모든 열정을 처음부터 다 쏟아버리면 결국 상대보다 먼저 지치게 된다.

처음부터 오래 걸릴 일이라고 정한 뒤에 천천히 지식을 쌓으면서 열정을 분배하는 것이 우리에게 필요한 지구력이다. 포기하지 않으면 반은 이긴 것이다. 엑스맨들은(아파트 문제에 관한 한) 아마추어 마라톤 선수다. 주민들한테 쌍욕을 먹고 손가락질을 받아도 절대 포기하지 않는다(왜냐면 직업이니까). 정의파는 엑스맨보다 더 지독하고 더 끈질겨야 엑스맨을 잡는다.

셋째, 지도력

세상 모든 정치가 그렇듯이 아파트에서도 혼자 할 수 있는 일이 별로 없다. 엑스맨도 혼자서는 해먹을 수가 없고, 우리편 리더의 정의구현도 혼자서는 할 수가 없다. 엑스맨이든 정의파 리더든 본인을 믿고 따라주거나 지지해주는 대중이 필요하다. 지도력은 대중의 마음을 잡기 위한 필수 덕목이다.

설사 뒤에서는 해먹으려고 하고 앞에서만 정의를 외치는 사람이 있더라도, 사실 처음부터 이런 속내를 알아내기는 쉽지 않다. 이런 건 뭔가가 걸려서 사람들에게 드러나야 비로소 아는 것이지 그전까진 미리 알 수가 없다. 그런 점에서 통상 오히려 엑스맨들이 초기엔 지도력이 더 높은 경우가 많다. 엑스맨들은 자기들을 위해 몸을 불살라줄 불나방들을 정말 신기하게 잘도 모집한다. 이들의 지도력은 인간관계 읍소나 '오노액션'으로 표출된다.

가끔 정치인들이 삭발하고 단식하는 것을 보면 이해가 될 것이다. 앞에서 삭발하는 것을 지켜보며 막 통곡을 해대는 사람들을 TV에서 보면 실소가 나온다. 어차피 자라는 머리를 자르는 게 무슨 희생인가 싶고, 일부러 살 빼려고 돈 내고 단식원에도 들어가는 세상에 며칠 굶었다고 쓰러져 응급실에 실려가는 걸 보면 도대체 왜 저러나 싶다. (신념을 가지고 수십 일에 걸쳐 진짜 목숨을 걸고 단식을 하는 사람들을 향해 하는 말은 아니다.)

그런데 그런 정치인 리더들이 왜 이런 퍼포먼스를 하겠는가? 멍청해서? 당연히 아니다. 이런 퍼포먼스가 지도력 증대와 민심 확보에 효과가 있다고 믿기 때문이다. 실제로 어떤 사람들에게는 효과가 있다. 엑스맨들은 보통 사람들은 낯부끄러워서 못할 십원짜리 퍼포먼스를 태연하게 하기도 한다. 아무 내용도 맥락도 없는 주민총회를 열어서 목소리 높여 떠들기도 한다. 다 들어도 뭔 내용인지 왜 불러모았는지 알 수가 없다.

그래도 계속한다.

희한하게 이런 의미없는 행동을 지속하다보면 대중들은 저 사람이 우리의 리더라고 저절로 생각하게 된다. 정말 신기한 일이다. 어떤 개소리를 해대도 대표자가 되는 기적이 일어나는 것이다. 밑도 끝도 없이 동네 어르신들 대상으로 아버님, 어머님 하면서 막걸리도 사고 부침개도 대접한다. 다 필요 없다. 그냥 나한테 잘해주는 사람이 대빵이다.

필자가 생각하는 지도력은 언행의 일관성과 사람에 대한 노력의 결과이다. 입주민을 위해 나왔다고 했으면 입주민을 위한 행동을 하면 된다. 함께 밝은 세상을 만들자고 했으면 함께한 사람들과 밝은 세상을 만들기 위한 노력을 지속하면 된다. 또한 함께 가는 사람을 소중하게 생각하고 좋은 사람을 잃지 않으려는 노력이 필요하다.

대중을 상대하는 것이 힘들지만 리더는 강해야 한다

아파트 주민들은 독립운동을 하러 나온 열사들이 아니다. 내가 가진 열정을 저들도 가지고 있을 것이라고 생각하면 엄청난 착각이다. 뭔가 서운하게 하면 바로 떠난다. 올바른 리더들의 속이 썩어문드러지든 말든, 리더들이 밤을 새든 말든 무조건 자기 안 서운한 게 더 중요한 게 대중들이다. 그래서 대중을 상대하는 일은 생각보다 어렵다. 그럼에도 함께 가는 동료와 지지하는 대중은 무조건 있어야 한다. 혼자 할 수 있는 일은 없다는 것을 명심하자.

경찰관에게 고함

전국의 경찰서에 아파트 관련 분쟁과 고소장이 쌓여 있지요? 제 생각엔 앞으로 더 쌓일 것 같습니다. 왜냐면 형사님들이 아파트 분쟁을 더 키우고 있을지도 모르기 때문입니다. 제발 가해자와 피해자, 정의파와 엑스맨을 구분해서 수사해 주시면 좋겠습니다. 방귀 뀐 놈이 성질낸다고 오히려 나쁜 놈들이 더 고소를 많이 하는 형국입니다. 고소는 아무나 할 수 있는 것 저도 압니다. 그런데 맨날 말 같지도 않은 걸로 고소당해서 끌려다니는 사람 입장도 좀 생각해주십시오. 나쁜 놈인 걸 알면서도 법으로 어떻게 못 한다는 말도 좀 지겹습니다.

개포동에서 본 놀라운 현실

전작인 〈아파트에서 살아남기〉가 문제 있는 아파트의 필독도서처럼 널리 읽히면서 강연 요청이 많이 들어왔다. 필자는 오프라인 강의 요청이 들어오면 가급적 응하는 편이다. 직장인이기에 통상 강연은 주말에 진행되며 적게는 몇십 명 많게는 몇백 명이 모인다. 수입을 목적으로 하는 전문강사가 아닌데다가 솔직히 소중한 주말시간을 뺀다는 것이 버거울 때도 있지만 저자의 의무라고 생각하고 임해왔다.

필자를 초청하는 아파트는 통상 입주 전 시공사와 싸우고 있는 아파트거나, 입주 전 주민들끼리 싸우고 있는 아파트거나, 입주를 마치고 엑스맨들과 싸우고 있는 아파트들이었다. 한마디로 시끄러운 아파트들이 대부분이었다.

처음 강연을 할 땐 일반 입주민들의 아파트에 대한 무지와 무관심이 심각한 수준이라는 것을 많이 느꼈었다. 그런데 이 책 원고의 탈고를 거의 앞둔 시점(그러니까 이 책 원고의 90%가 완성이 되어 있던 시점이다)에 입주 전인 개포동의 한 아파트에서 강연 요청이 들어왔다. 1,600세대짜리 중대형 규모 아파트였다.

강연을 준비하면서 먼저 느낀 점은 필자가 뛰어든 10년 전에 비해 참 많이 바뀌었다는 것이다. 최근의 입주예정자들은 그 당시와는 비교도 안 되게 똑똑해졌다. 이미 엑스맨이라는 존재를 알고 있고 그에 대한 대비도 그들 나름대로 하고 있었다. 남의 일인 것처럼 내버려두면 어떻게 되는지도 알고 있었고 아직 입주가 1년 6개월이나 남은 상황에서도 무엇을 해야 하는지 어느 정도 알고 있는 사람들이었다. 그들의 카페에는 상당히 전문적인 내용들이 올라왔고 이미 논의되고 있었다.

참 대단하다는 생각을 했다. 당연한데 대단했다. 드디어 스마트 입주민이 탄생하고 있는 것이다. 필자는 대한민국 아파트 모두가 다 이렇게 바뀌어야 한다고 생각한다. 처음 단계부터 주민이 똑똑해지고 부지런해져야 엑스맨이 발을 붙일 수 없다. 세상은 넓고 아파트는 많은데 엑스맨이 바보가 아니라면 그런 아파트에 머물 이유가 없다. 다른 곳에 가서 해먹고 싶어질 것이다.

나도 주말엔 아내와 놀러다니고 싶다. 하지만 나름 귀중한 시간을 투자해 이렇게 글을 쓰는 이유는 조금씩 세상이 바뀌어 가고 있다는 이런 증거들 때문이다. 엑스맨의 존재를 세상에 알리고 대응하게 만든 것만으로도 필자는 자뻑할 수 있는 뿌듯함을 느낀다.

그날 개포동에서 나는 희망을 보았다. 물론 그들에게는 앞으로 적지 않은 시련이 기다리고 있을 것이다. 그러나 그들에겐 힘이 있고 자정능력이 있다. 스마트한 주민들이니까. 모두 스마트 입주민이 되자.

입주민에게 고함

아파트에 누가 회장인지, 소장이 누군지, 관리비가 비싼지 싼지, 별 관심 없을 겁니다. 어차피 손해봐도 모두 같이 손해보는 것이고, 관심 가져봐야 머리만 아플테니까요. 좋은 아파트, 저절로 되지 않고 누가 바꿔주지 않습니다. 무관심에서 벗어나야 엑스맨의 손아귀에서 벗어날 수 있습니다.

어떻게 하면 아파트를 투명하게 운영할 수 있을까?

필자는 오랜 기간 아파트 비리척결 관련 활동을 하면서 이 문제에 대해서 많이 고민했다. 아파트의 문제는 제도적 허점, 개인의 일탈, 지도단체의 방관에서 그 원인을 찾을 수 있다.

우선 손만 들면 당선되는 동대표 선출제도가 문제이다. 선출방법을 어렵게 바꾼다고 해도 어차피 지원하는 사람이 없는 상황에서 나아질 것이 없다. 사심이 없는 사람들의 입장에선 혜택은 거의 없고 의무와 책임만 있는 동대표에 선뜻 나설 이유가 없는 것이다. 선출은 자유롭게 하더라도 지금보다 훨씬 더 큰 혜택을 동대표들에게 주되 처벌 규정을 매우 엄하게 해야 한다고 생각한다.

한비자의 법치주의를 생각하면 되겠다. 필자도 처음에는 공자의 논어주의였다. 그러나 수많은 엑스맨들을 만나고 말도 못할 고초를 겪으면서 생각이 완전히 바뀌었다.

좋은 사람들이 리더가 될 수 있도록

동대표들에게는 지금처럼 회의수당 5만원 지급 수준이 아니라 아예 관리비 정도는 통째로 지원해주는 확실한 혜택을 주는 게 낫다고 본다. 참 위험한 발상이라는 것을 안다. 대신 그 정도의 혜택을 주되 비리가 적발되면 아예 사장시켜버려야 한다.

한 번 처벌받은 동대표들은 다른 아파트에 가더라도 몇 년 동안이 아니라 아예 영원히 동대표를 못 해먹게 해야 한다고 본다. 어차피 엑스맨들은 이사 가서 다른 곳에 정착하는 순간 깨끗하게 포맷되어 새로 출발한다. 엑스맨 하나가 떠나고나니 또 다른 엑스맨이 찾아오는 무한 반복 오염 시스템이 없어져야 한다.

강력한 아파트관리청이 필요하다

각종 용역업체 선정 및 공사진행 시에도 전문기관에 허가를 받고 진행하는 시스템이 도입되어야 한다. 어떤 용역업체가 과거에 어떤 사고를 쳤고 어떤 운영실태를 보였는지 지금은 아무도 모른다. 어딘가에서 개판을 쳐도 다른 곳에선 낙찰을 받을 수 있다. 공사 규모와 금액이 적절한지도 입주민들은 아무도 모른다. 전문가들로 구성된 강력한 힘을 가진 아파트관리청이 생겨야 하는 이유이다.

오락가락하지 않는, 제도권의 분발과 각성

꿈 같은 얘기라고 할 수도 있겠다. 능력 없고 돈에 눈이 먼 입대의와 관리사무소가 입주민 전체의 돈을 개념 없게 써대는 건 도대체 현 상황에서 누가 제어할 수 있단 말인가? 넘치는 아파트 분쟁과 전국에서 반복되는 싸움도 구청 담당자 성향에 따라 오락가락하는 현 제도권에선 결코 해결될 수 없다.

주민들 간의 갈등이 생기면, 그것만 명확하게 중재해주더라도 상당 부분의 분쟁은 해결할 수 있다. 그런데 구청은 언제나 대부분 "알아서 해결하라"고 한다. 뭘 알아서 해결하겠는가? 알아서 해결이 안 되니까 온 나라가 이 지경이 되었는데 말이다. 구청도 오락가락, 경찰도 오락가락, 검찰도 오락가락, 변호사도 오락가락, 판사 판결도 오락가락인 게 대한민국 아파트 분쟁의 현실이다. 정치권과 행정기관 및 지자체의 분발을 촉구한다.

레벤톤의 아파트 엑스파일

: 당신은 지금 엑스맨에게 속고 있다

초판 1쇄 발행 / 2020년 08월 25일

지은이 / 김효한
펴낸이 / 김일희
브랜드 / 각광

펴낸곳 / 스포트라잇북
제2014-000086호 (2013년 12월 05일)

주소 / 서울특별시 영등포구 도림로 464, 1-1201 (우)07296
전화 / 070-4202-9369 팩스 / 02-6442-9369
이메일 / spotlightbook@gmail.com
주문처 / 신한전문서적 031-919-9851

책값은 뒤표지에 있습니다.
잘못된 책은 구입한 곳에서 바꾸어 드립니다.

ISBN 979-11-87431-21-3 13320